OEUVRES

COMPLÈTES

DE M.ᴿ ARNAULT.

TOME TROISIÈME.

AF368594

LA HAYE, DE L'IMPRIMERIE BELGIQUE.

OEUVRES

COMPLÈTES

DE M.ᴿ ARNAULT.

THÉATRE.

A PARIS,

Chez FOULON et comp.ᵉ, rue des Francs - Bourgeois - Saint-Michel, N.º 3.

1818.

DON PÈDRE,

OU

LE ROI ET LE LABOUREUR,

TRAGÉDIE

EN CINQ ACTES, EN VERS,

Représentée à Paris,
sur le théâtre français, en 1802.

Fecunda virorum

Paupertas.

Lucan. lib. i.

AVERTISSEMENT.

Le Roi et le Laboureur (1) est une pièce nouvelle même pour les personnes qui ont assisté à la seule représentation qu'on en ait donnée. Bien qu'elle ait été jouée d'un bout à l'autre, ce fut au milieu d'un si grand tumulte, qu'il eût été impossible à l'auditeur le plus attentif d'en entendre deux vers de suite : elle a été moins jugée que condamnée.

D'où venait tant de malveillance contre un homme traité jusqu'alors avec ménagement, et auquel son dévoûment, dans la révolution du 18 Brumaire, semblait donner quelques droits nouveaux à la faveur publique ?

C'est ce que nous allons tâcher d'expliquer.

Sa disgrâce doit moins être attribuée à *l'étrangeté* du sujet qu'il avait choisi, qu'aux conséquences des idées que ce sujet semblait devoir réveiller : en effet, dans le nombreux concours de spectateurs qu'il avait attirés, moins de gens étaient venus pour écouter, que pour empêcher d'entendre.

D'après quelques lectures particulières, cet ouvrage d'un auteur si longtems dénoncé comme royaliste, avait été signalé comme celui d'un démagogue : les discours du laboureur étaient ceux d'un vrai *tribun*, et la passion du roi ne tendait qu'à dégrader la dignité royale : ces inculpations doivent paraître fort bizarres aux étrangers qui se rappellent qu'à cette époque (1802) la France était en république.

Mais elle n'y était que de nom. Au 18 Brumaire, la monarchie avait été réellement rétablie. Chaque jour, la suprématie du premier consul se fortifiait de tout ce que perdait l'autorité de ses collègues. Rien ne se faisait sans lui, qui pouvait tout sans eux ; il s'était plutôt associé leurs lumières, qu'il ne les avait associés au pouvoir. De plus, il commandait l'armée, et ne la commandait que pour vaincre. Sous un titre modeste, il régnait dès l'établissement du consulat, et semblait devoir toujours régner, depuis que le vœu général lui avait déféré le consulat pour la vie.

Soit dans l'intérêt public, soit dans son intérêt privé, le consul crut devoir revêtir le pouvoir qu'il exerçait d'un titre qui y fût analogue. Tout tendait secrètement vers ce grand résultat. Le peuple s'était de nouveau familiarisé avec les choses : on ne négligeait rien pour le réconcilier avec les noms ; opération non moins importante, mais peut-être plus difficile que la première.

La tragédie de *Don Pèdre*, donnée en ces circonstances, parut peu en harmonie avec de semblables intérêts.

A l'époque où elle a été composée (en 1799) elle n'aurait pas plus concordé avec la politique du jour. Peut-être eût-on repoussé alors, comme trop respectueuse envers l'autorité monarchique, cette pièce réprouvée trois ans plus tard par un motif tout opposé.

On n'eût pas été plus juste. L'auteur n'avait eu l'intention ni de réhabiliter, ni de déprimer le caractère royal.

Il avait cru, par le sujet qu'il mettait en scène, offrir d'utiles leçons à plus d'une classe de la société ; apprendre aux grands à ne pas trop mépriser les petits ; aux petits à ne pas juger trop rigoureusement les grands ; démontrer que le sentiment de la justice est inné dans le cœur de l'homme ; et qu'on peut en attendre d'heureux effets, quand il se trouve uni à un grand discernement et à un caractère supérieur.

De pareilles vues sont utiles, et c'est dans un plan très-dramatique qu'elles nous semblent avoir été développées.

Le sujet de cette pièce appartient au théâtre espagnol :

l'analise qu'il en avait entendu faire par un agent diplomatique, donna à Mr *Arnault* l'idée de le transporter sur le théâtre français. Ce projet était exécuté quand il fit lui-même un voyage à Madrid, où l'ouvrage original lui fut communiqué. Il est intitulé *Juan Paschal, famosa comedia, de un ingenio de esta corte,* fameuse comédie d'uh bel esprit de cette cour (2).

Ce sujet est depuis longtems applaudi en Espagne. En faut-il conclure qu'il devait être applaudi en France? non certes, si l'auteur ne l'avait pas soumis aux modifications commandées par la délicatesse française; ainsi qu'il s'y est étudié.

Les explications données plus haut, font concevoir comment cet ouvrage a été condamné sans avoir été entendu. Mais après avoir été écouté, eût-il été approuvé? c'est ce qu'il ne nous convient pas d'affirmer.

C'était peut-être s'aventurer que de rapprocher dans un cadre tragique les mœurs des cours et celles dés champs. Le contraste est grand. Mais dans les arts, tous les objets qui contrastent entr'eux ne se repoussent pas: bien plus, ils se font souvent valoir. C'est par des contrastes que les grands artistes ont obtenu leurs plus beaux effets.

Ce rapprochement d'un roi et d'un laboureur répugnerait néanmoins à la dignité de la tragédie, s'il n'offrait que l'opposition de la grossièreté à la politesse, de l'indocilité de l'ignorance à l'autorité de l'instruction; mais un auteur français ne pouvait faire une pareille faute.

La franchise, la rudesse même des agriculteurs, dans cette tragédie, n'est rien moins que dénuée de noblesse; et l'énergique simplicité de leurs discours qui peut quelquefois plaire aux esprits justes, n'offre aucune expression dont se puissent offenser les oreilles délicates. Le langage que l'auteur leur a donné s'élève assez haut pour s'accorder avec celui qu'il conserve aux hommes de cour; il est aussi éloigné de la trivialité que de l'enflure.

Conclûrait-t-on de là que si l'on n'a pas trop rabaissé le ton des uns, on a dû trop élever celui des autres; et qu'il n'est pas vraisemblable qu'un homme des champs parle convenablement des matières de gouvernement? Nous répondrions que *La Fontaine* a donné la solution de ce problème : qu'on relise la fable du *Paysan du Danube* (3).

Le ton simple mais noble, que le *bonhomme* a pris dans cette fable, est celui que l'auteur devait se proposer pour modèle dans sa tragédie; et soit qu'il y ait pensé ou non, la nature des intérêts qu'il y discute devait l'y conduire. Dans l'une et l'autre composition, ces intérêts sont à la portée de la raison commune. Est-il en effet besoin d'avoir étudié la politique, pour connaître la justice; d'avoir approfondi l'art du gouvernement, pour juger des fautes de l'administration? ce ne sont pas là des secrets d'état. Consultez sur la répartition de l'impôt, ou sur le recrutement de l'armée, le premier paysan que vous rencontrerez, et vous verrez si les vices attachés aux modes établis, ont échappé à sa sagacité. Mais c'est dans les formes qui lui sont propres qu'il les dénoncera à votre indignation; formes d'une éloquence non pas essentiellement brutale, mais nécessairement vigoureuse et franche.

Enfin si l'on nous fait observer que la condition de nos personnages les exclut d'un drame qui, par sa nature, n'admet rien que de noble, ou tout au moins de grand; nous prierons de remarquer qu'en scène un personnage est grand surtout par la situation où il se trouve, par les intérêts qui l'occupent; et que les hommes y sont moins nobles ou vils par leur condition, que par leurs sentimens et par leurs mœurs.

Les plus magnifiques accessoires de la souveraine puissance ne sauraient rendre que plus méprisables les *Vitel-
lius*, les *Héliogabale ;* tandis qu'on ne peut refuser de l'admiration à *Spartacus*, dont l'héroïsme est rehaussé même
par la bassesse de sa condition. Que si un grand caractère anoblit l'homme dans une condition servile, à plus
forte raison doit-il l'ennoblir dans une condition libre ;
et surtout dans une profession honorable, telle que celle
du laboureur qui nourrit l'État et du soldat qui le défend.

Ajoutons à cela, quant à ce qui concerne notre héros,
qu'après tout il n'appartient pas à la classe infime de la
société. C'est un homme libre, un propriétaire, un chef
de famille ; il a exercé une magistrature ; il a été Alcade.
Eût-on jamais songé à lui refuser droit de bourgeoisie
sur la scène tragique, où ce droit équivaut à des titres de
noblesse, s'il se fût appelé *Jacob*, *Ismaël*, ou *Ésau ?* trans-
portez sur les rives du Jourdain et dans le pays de Ca-
naan, l'action qui se passe en Andalousie aux bords du
Guadalquivir ; et le laboureur dans lequel on n'a voulu
voir tout au plus qu'un fermier, va, sans difficulté, devenir un patriarche.

Ce que Mr *Arnault* a exécuté, *Voltaire* l'avait tenté
dans sa tragédie des *Scythes*, avec plus de réserve à la
vérité, et sous la protection de ce vernis de grandeur,
dont l'antiquité revêt tout ce qui lui appartient. Son opinion
prêtera du poids à la nôtre. Voici comment s'exprime, à
ce sujet, celui des hommes de génie qui a eu le plus d'esprit,
de raison et de goût.

« C'est une entreprise un peu téméraire d'introduire
» des pasteurs, des laboureurs avec des princes, et de mê-
» ler les mœurs champêtres avec celles des cours. Mais
» enfin cette invention théâtrale (heureuse ou non) est
» puisée entièrement dans la nature. On peut même rendre

» héroïque cette nature si simple ; on peut faire parler
» des pâtres guerriers et libres, avec une fierté qui s'élève
» au-dessus de la bassesse que nous attribuons très-injus-
» tement à leur état, pourvu que cette fierté ne soit jamais
» boursouflée ; car qui doit l'être ? le boursouflé, l'am-
» poulé ne convient pas même à César. Toute grandeur
» doit être simple. »

Ces raisonnemens nous semblent suffisans pour réfuter
les objections faites à l'auteur relativement à la nature du
sujet qu'il a choisi ; quant aux critiques qui portent sur
le talent avec lequel il l'a traité, c'est à la pièce à y
répondre. Nous ne savons si la lecture lui conciliera en
France les suffrages qui lui furent refusés lors de la représentation ; mais il paraît probable que l'effet en sera
du moins favorable chez l'étranger ; où il se trouve souvent des juges dont le goût, pour ne pas être aussi méti-
culeux que celui de certains Aristarques de Paris, n'en est
pas moins conforme aux lois de la raison et aux intérêts
de l'art dramatique.

ÉPITRE DÉDICATOIRE

AU GÉNÉRAL LA FAYETTE.

G*ÉNÉRAL*,

Vous accueillerez avec plaisir, j'en ai le sentiment, ce témoignage de l'estime d'un proscrit. Cette qualité ne vous épouvante pas. Vous aussi vous avez été proscrit; vous avez honoré la proscription, avant qu'on m'en ait honoré.

Combien le souvenir de la constance héroïque avec laquelle vous avez supporté vos malheurs, n'a-t-il pas fortifié le courage dont j'ai besoin pour supporter les miens !

Je n'en suis point abattu. Mais que j'en serais fier si, comme vous, je m'en étais rendu digne en défendant uniquement la cause de la liberté ; en méritant également la haine des fauteurs du despotisme et de l'anarchie !

Je suis, avec autant d'affection que de vénération,

Général,

Votre très-humble et très-obéissant serviteur,

ARNAULT.

De ma retraite, le 9 Février 1818.

PERSONNAGES.

DON PÈDRE, roi de Castille.

JUAN, laboureur.

FÉLICIE, sa fille.

DIÉGUE, fils de Juan.

LÉON, soldat.

ALPHONSE.

ALMÈDE.

} courtisans.

UN VIEILLARD.

GARDES.

MOISSONNEURS.

FEMMES.

La scène est à Séville, et dans une campagne qui n'en est pas éloignée.

DON PÈDRE,

OU

LE ROI ET LE LABOUREUR,

TRAGÉDIE.

ACTE PREMIER.

Le théâtre représente d'un côté un bois, de l'autre une maison rustique, devant laquelle on remarque les instrumens du labourage. De grands arbres, placés vers le milieu, n'empéchent pas d'appercevoir des campagnes cultivées : le Guadalquivir les baigne. On distingue Séville dans l'éloignement.

SCÈNE PREMIÈRE.

DON PÈDRE, DON ALPHONSE *(en habits de voyageurs)*, **DIÉGUE.**

D. ALPHONSE.

Sire, votre secret ne court aucun danger ;
Bien loin de vous connaître, on vous croit étranger.

DIÉGUE.

Ce court chemin, Seigneurs, vous conduit à la ville;
Vous serez dans une heure aux portes de Séville.
Vers les lieux où l'aurore éclate à vos regards,
N'appercevez-vous pas ses tours et ses remparts?

D. PÈDRE.

Vers l'aurore, en effet, je crois les reconnaître....
Que j'aime ce séjour et sauvage et champêtre!
Tu l'habites?

DIÉGUE.

Le toît qui frappe ici vos yeux
Est celui qu'à mon père ont laissé mes ayeux :
Il forme avec ce champ le modeste héritage
Qu'entre ma sœur et moi son équité partage.

D. PÈDRE.

Ton père est pauvre?

DIÉGUE.

Il est pauvre, mais estimé.
Content de moissonner le champ qu'il a semé,
La faucille et le soc sont toute sa richesse;
Sa longue expérience et sa haute sagesse
Toutefois en ces lieux lui donnent un grand poids:
Du tems qu'il fut Alcade, on observa les lois; (4)

Et bien que de ce titre un autre se décore,
Pour le canton, Seigneur, il est Alcade encore.
Les moindres différents lui sont toujours soumis ;
Ses avis sont des lois : souvent deux ennemis,
Surpris, en le quittant, du nœud qui les rassemble,
Dans le champ contesté vont labourer ensemble.

D. PÈDRE.

Quel est son nom ?

DIÉGUE.

Juan.

D. PÈDRE. *(vivement.)*

Et sa fille ?

DIÉGUE.

Jamais

Plus de vertu, Seigneur, n'embellit plus d'attraits.
Elle est tout à la fois, et l'amour de son père,
Et l'honneur de son sexe, et l'orgueil de son frère.

D. PÈDRE.

Poursuis.

DIÉGUE.

A son insu, brillante en son printems
De beautés que la cour envìrait à nos champs,
De grâces, de candeur et de vertus ornée,
Félicie entre à peine en sa vingtième année.

D. PÈDRE.

Est-elle libre enfin ?

DIÉGUE.

Léon , simple soldat,
Croyait la conquérir en volant au combat.
Aux déserts de l'Afrique il obtint quelque gloire;
Mais surpris par la mort au sein de la victoire......

D. PÈDRE.

O bonheur !

DIÉGUE.

En effet, un semblable trépas
Pour un cœur généreux doit avoir des appas
Et combien je préfère à ma vie ignorée
De nos communs regrets cette mort honorée !

D. ALPHONSE.

La gloire te plairait ?

DIÉGUE.

Devrais-je l'avouer ?
Aux plus obscurs travaux contraint à me vouer ,
Moins heureux que Léon, je renferme en mon âme
Cet imprudent désir que son exemple enflamme:
Il afflige mon père, et j'en veux triompher ;
Et souvent à l'instant où j'ai cru l'étouffer ,

Je cherche ma faucille à mes mains échappée
Au récit d'un combat, à l'aspect d'une épée.
Si jamais!. . . . Quoi déjà je vois de toutes parts
Dans nos champs repeuplés les laboureurs épars!
Permettez, étrangers, qu'à mon devoir fidèle,
Je retourne moi-même au travail qui m'appelle.

(Il sort.)

SCÈNE II.

D. PÈDRE, D. ALPHONSE.

D. PÈDRE.

Ami, quand je vantais sa vertu, sa beauté,
Tu l'entends, j'en disais moins que la vérité.
Mais c'est peu du portrait que t'en fait la mémoire;
Si tu pouvais la voir !

D. ALPHONSE.

Si j'osais vous en croire.....

D. PÈDRE.

Eh bien ?

D. ALPHONSE.

Vous l'aimeriez.

D. PÈDRE.

Je l'aime avec fureur.

3.   2

D. ALPHONSE.

La fille d'un sujet, Sire !

D. PÈDRE.

D'un laboureur.

D. ALPHONSE.

N'appellez pas amour la passagère envie.....

D. PÈDRE.

Je l'aime avec fureur, Alphonse, et pour la vie.

D. ALPHONSE.

Vous le croyez, du moins : prestige accoutumé
D'un cœur qui, jeune encore, et n'ayant point aimé,
Se croit pris d'un amour aussi constant que tendre
A chacun des désirs dont il se sent surprendre.

D. PÈDRE.

Je ne m'abuse point. Ces désirs passagers,
Ces ennuis, ces soupirs à l'amour étrangers,
Sont loin de ressembler à l'invincible flamme
Qu'un instant, un regard a fait naître en mon âme.
De cinq jours le dernier est à peine expiré,
Depuis qn'au sein des bois où j'errais égaré,
De toutes les beautés que l'Espagne recèle,
Le hasard à mes yeux présenta la plus belle ;

C'est ici: loin de ceux dont j'étais escorté,
Par l'attrait du plaisir à la chasse emporté,
A travers la forêt, les torrens et les plaines,
J'avais suivi d'un cerf les traces incertaines ;
Tout-à-coup mon coursier, haletant, harrassé,
Tombe, et de tout son poids m'accable embarrassé
J'eusse expiré, sans doute, en un lieu plus sauvage.
Déjà du sentiment j'avais perdu l'usage ;
Et longtems immobile après un vain effort,
J'avais semblé dormir du sommeil de la mort:
Quand recouvrant soudain la lumière perdue,
Sur ceux qui m'entouraient je soulevai ma vue.
Tandis que d'un vieillard le secours empressé
M'avait soustrait au poids dont j'étais oppressé,
La pitié de sa fille, à moi seul attentive,
S'efforçait d'arrêter mon âme fugitive ;
Dans mes regards mourans épiait mes besoins.....
Quelques soupirs, je crois, s'unissaient à ses soins.
Un mélange enchanteur et d'espoir et d'alarmes,
A sa beauté prêtait encor de nouveaux charmes ;
Et sur son doux visage empreint de mes douleurs,
Quelquefois le sourire éclatait sous les pleurs.
Sur ses genoux tremblans, d'une main bienfaisante
Tantôt elle appuyait ma tête, encor pesante ;
Et tantôt, pour calmer dans mon sein altéré
Les ardeurs de la soif dont j'étais dévoré,

Ses mains se transformaient, sous ma bouche ravie,
En coupe où je buvais l'amour avec la vie.
Que dis-je! empoisonné par ses cruels secours,
Par cette pitié même à qui je dois mes jours,
Je regrettais bientôt ma première souffrance;
Je regrettais la mort et son indifférence;
Quand le vieillard, après m'avoir serré la main,
Et des murs de Séville enseigné le chemin,
Sans demander mon nom, sans daigner même entendre
Les offres qu'un bienfait lui donnait droit d'attendre,
Sur sa fille appuyé, d'un pas plus diligent,
Avec elle est rentré sous ce chaume indigent.

D. ALPHONSE.

Et sous ce chaume un roi n'a pas osé les suivre?

D. PÈDRE.

Dans le premier dépit de l'amour qui m'énivre,
Pour m'applanir le seuil de cette humble maison
Je pensai me trahir et prononcer mon nom.
Et qu'aurais-je obtenu! ce que l'obéissance
Ou plutôt la faiblesse accorde à la puissance;
Des honneurs, des respects, mais non pas ce retour
Que tôt ou tard, sans doute, obtiendra mon amour.
Peut-être est-ce une erreur, mais cette erreur m'est chère
C'est elle qui, brisant cet âpre caractère,

Cet orgueil indompté que m'ont transmis vingt rois ,
Sous ces obscurs habits me ramène en ces bois,
Où devenu l'égal de celle que j'adore ,
J'ai devancé le jour pour la revoir encore.

D. ALPHONSE.

Quelqu'un vient.

D. PÈDRE.

C'est Juan.

SCÈNE III.

D. PÈDRE, D. ALPHONSE , JUAN, DIÉGUE,
FÉLICIE, MOISSONNEURS , *la faucille à la main.*

JUAN.

       Le jour nous est rendu :
Reprenons le travail par la nuit suspendu.
Tant qu'on verra les champs appeler la faucille,
Ne formons, mes amis, qu'une même famille.
Que l'un de nous jamais n'implore l'autre en vain.
Tu m'aides aujourd'hui, je t'aiderai demain.
Vous, mon fils, dans nos champs comme dans nos demeures,
Du travail, du repos, distribuez les heures.
En feignant d'oublier, ayez l'art de donner;
Car le pauvre, après nous, doit aussi moissonner.

(Félicie paraît, accompagnée de femmes portant des provisions.)

D. PÈDRE *(à Alphonse)*.

La vois-tu ?

JUAN.

Vous, ma fille, au plus prochain bocage,
Portez les simples mêts, le frais et pur breuvage,
Qui, lorsque du midi nous fuirons les ardeurs,
Doivent rendre la force aux bras des moissonneurs.

(Les moissonneurs traversent le théâtre, conduits par Diégue. Félicie les suit, accompagnée de ses femmes. Elle apperçoit Don Pèdre, jette sur lui un regard mêlé de trouble et d'intérêt, et poursuit sa marche. Juan suit le dernier.)

D. PÈDRE.

O regard qui me tue ! ô trouble qui m'enivre !
Mais elle fuit.....

D. ALPHONSE.

Seigneur, que voulez-vous ?

D. PÈDRE.

La suivre.

D. ALPHONSE.

Son père vous observe.

D. PÈDRE.

Abordons-le.

SCÈNE IV.

D. PÈDRE, D. ALPHONSE, JUAN.

D. PÈDRE.

Vieillard !.....

JUAN.

Que voulez-vous de moi, jeune homme ?

D. PÈDRE.

Un seul regard.

JUAN.

Puis-je vous être utile ?

D. PÈDRE.

Ah ! ma plus douce envie
Serait de l'être à ceux qui m'ont sauvé la vie ;
Cette dette est sacrée.

JUAN.

Oui ; vous l'acquitterez
Envers les malheureux que vous rencontrerez.

D. PÈDRE.

Mais envers vous d'abord, que ma reconnaissance...

JUAN.

Le bienfait avec lui porte sa récompense.
Vous ne me devez rien.

D. PÈDRE.

Soulagé par vos soins,
Je dois, à votre exemple, alléger vos besoins.

JUAN.

Je n'en ai pas.

D. PÈDRE.

Ce toît n'est-il pas votre asile ?

JUAN.

Oui. Croyez-vous qu'ailleurs on dorme plus tranquille ?

D. PÈDRE.

Je sais que la misère y poursuit vos vieux jours.

JUAN.

Un puissant bienfaiteur l'en écarta toujours.

D. PÈDRE.

Et lequel ?

JUAN.

Le travail : je n'en connais pas d'autre.

D. PÈDRE.

Le travail veut la force, et l'âge abat la vôtre :
Vos besoins s'accroîtront : qui donc y pourvoira ?

JUAN.

J'ai nourri ma famille ; elle me nourrira.

D. PÈDRE *(avec chaleur.)*

A regret, ô vieillard ! ma voix vous importune.
Pour votre fille, au moins, redoutez l'infortune.
Des horreurs de l'opprobre et de la pauvreté,
Sauvez tant de vertu, sauvez tant de beauté.
Je le veux..... disposez de toute ma puissance ;
Ne mettez pas de borne à ma reconnaissance.
Vous n'aurez pas formé de désirs superflus.
Parlez, Juan.

JUAN.

Le roi ne m'en dirait pas plus.

D. PÈDRE *(avec embarras.)*

Il est vrai.... mais le roi que j'approche, qui m'aime,
Fera pour vous, sans doute, autant que pour moi-même.

D. ALPHONSE.

J'en réponds.

JUAN.

Je vous crois et j'en gémis pour lui.

D. PÈDRE.

Et pourquoi donc?

JUAN.

Pourquoi ! ce n'est pas d'aujourd'hui,
Qu'au gré des courtisans sa coupable imprudence
Des peuples épuisés prodigue la substance ;
Qu'aux dépens de l'État follement généreux ,
Pour un heureux peut-être il fait cent malheureux,
Et , tarissant la source en ses mains réservée ,
Change en fléau public une vertu privée.

D. ALPHONSE.

Vous vous trompez.

JUAN.

C'est lui qu'on trompe en son palais,
Où ses profusions s'érigent en bienfaits;
Où d'un bonheur, restreint au séjour qu'elle habite,
Au nom du peuple entier sa cour le félicite :
Tandis que dans le champ qu'en vain il croit à lui,
Champ labouré, semé, moissonné pour autrui,
L'agriculteur gémit sur la gerbe fertile
Par l'impôt disputée à sa plainte inutile.

D. PÈDRE.

Alphonse , il se pourrait !....

D. ALPHONSE.

Imprudent, frémissez ;
Vous en avez trop dit.

JUAN.

Et puis-je en dire assez !
Dans toute son horreur puis-je vous faire entendre
Ce que l'aspect des champs va bien mieux vous apprendre
Osez les parcourir. Sur nos communs malheurs
Osez interroger ces simples laboureurs ,
Utiles à l'État dès l'âge le plus tendre ,
Qui savent le nourrir et surent le défendre.
Moins offensés alors d'un récit ingénu ,
Osez redire au roi ce que vous aurez vu.
Ah ! si jamais ce roi, dans les lieux où nous sommes,
Loin de ses courtisans venait chercher des hommes,
Que je serais heureux , en ma sincérité,
A ses jeunes regards d'offrir la vérité,
Qui , bienfaisante même alors qu'elle effarouche,
Ne peut sans s'altérer passer par votre bouche!

D. PÈDRE.

Ce discours , mot pour mot , lui peut être rendu :
Poursuivez ; et croyez qu'il a tout entendu.
Des sentimens du peuple achevez de l'instruire ;
Que lui reproche-t-on ?

JUAN.

De se laisser conduire
Par les derniers suppôts de la corruption ,
Par d'obscurs intrigans , de qui l'ambition
Ne tend qu'à détourner ses pas encor novices ,
Également voisins des vertus et des vices ; (5)
D'avilir le pouvoir par de tels instrumens ;
D'oublier ses devoirs pour ses amusemens ;
De chercher dans les bois des fatigues stériles ,
E d'ignorer souvent les malheurs de nos villes ,
Où le mépris des lois, brisant tous les liens,
A leur propre fureur livre les citoyens ;
Où le faible trahit ; où le puissant opprime ;
Où chaque nuit nouvelle amène un nouveau crime
Que , jusqu'en son palais souvent ensanglanté ,
Le jour en vain dénonce au juge épouvanté.
O honte ! ô désespoir ! la justice impuissante
N'entend pas la faiblesse à ses pieds gémissante !
Ou de l'or, ou du fer ! On appelle équité,
Ce trafic d'indulgence et de sévérité
Du magistrat avide au brigand qui le paye,
Du magistrat timide au brigand qui l'effraye.
Ah ! dès qu'un seul sujet réclame en vain la loi,
L'impunité du crime est le crime du roi, (6)
Et justifie, enfin, quiconque le soupçonne
D'avoir quelqu'intérêt aux excès qu'il pardonne.

Ces bruits dans aucun lieu ne sont plus des secrets;
Si ces bruits ont couru jusque dans nos forêts,
La faute en est au roi; que le roi la répare :
Qu'au ministre avili succède l'homme rare
Toujours inaccessible à l'esprit de parti,
Et qu'un lâche intérêt n'a jamais perverti.
Ah! je sens qu'investi, que fort d'une puissance
Égale à son courage, égale à sa prudence,
Cet appui de la loi, comme elle indifférent,
Peut encor du désordre arrêter le torrent,
Opposer aux méchans son équité robuste
Et conquérir au roi le beau titre de juste.
Que dis-je? vains discours! avis insuffisans
Dont ma franchise en vain lasse deux courtisans :
Tandis que dans les champs, où mes blés me demandent,
Pour la première fois nos moissonneurs m'attendent.

SCÈNE V.

D. PÈDRE, D. ALPHONSE.

D. PÈDRE.

Voilà donc ce qu'on aime à publier sur moi!
Ce que tout Castillan pense en secret du roi!
Ainsi l'erreur publique, en me rendant complice
Des trop nombreux forfaits qu'ignora ma justice,

D'un surnom que mon cœur n'aurait pas mérité
Peut me flétrir aux yeux de la postérité ! (7)

D. ALPHONSE.

Sire, c'est attacher trop de valeur peut-être,
Aux propos d'un esclave injuste envers son maître ;
D'un esclave imprudent, qui, du fond de ses bois,
Prompt à blâmer la cour, à réformer les lois,
Voudrait tout asservir à son étroit génie ;
Et croit juger son roi quand il le calomnie.

D. PÈDRE.

Sur l'État et sur moi, dans sa sévérité,
Le vieillard n'a rien dit, rien, que la vérité.

D. ALPHONSE.

Mais ne devrait-il pas excuser davantage
Dans ces jeux fatigans où se complait votre âge,
Où votre ardeur prélude à de plus grands exploits,
Le digne amusement des guerriers et des rois ?
Mais il devait, sur-tout, avec moins d'injustice,
Jusque dans la vertu ne pas chercher le vice ;
Et puisqu'à cet outrage il osait se porter,
S'il rejettait vos dons, ne pas leur insulter.

D. PÈDRE.

A ce nouveau refus devais-je encor m'attendre ?

D. ALPHONSE.

Il doit vous offenser.

D. PÈDRE.

      Bien moins que me surprendre.
Je dois en convenir, je ne soupçonnais pas
Tant d'élévation dans un rang aussi bas,
Tant de sagacité, de force et de droiture
Dans un homme éclairé par la simple nature.

D. ALPHONSE *(avec ménagement.)*

Pour Félicie, épris d'un amour moins ardent,
Verriez-vous du même œil ce vieillard imprudent?

D. PÈDRE.

Je le devrais. Pourtant que faut-il que j'espère?
Qu'attendre de la fille, ainsi jugé du père?
Alphonse, penses-tu qu'on puisse un jour aimer
Celui qu'avec effroi l'on entendit nommer?
Ah! si je trouve ici ces sentimens sinistres,
Je le vois trop, la faute en est à mes ministres,
Qui de ma confiance abusant à loisir.....
La faute en est à moi qui devrais mieux choisir....
J'y songe.

D. ALPHONSE.

      Eh bien! Seigneur, qu'un nouveau choix répare
Et le mal qu'on a fait et celui qu'on prépare.

En effet, il se peut qu'une trop faible main
Exerce en votre nom le pouvoir souverain.
Mais chez les magistrats que le conseil renferme,
Ou même en votre cour, n'est-il d'homme assez ferme
Pour oser réprimer ces abus différens,
Sources des maux du peuple et des fureurs des grands,
Et sous le fer des lois à frapper toujours prêtes,
Faire, indistinctement, ployer toutes les têtes?

D. PÈDRE.

Tel est le magistrat dont Séville a besoin.

D. ALPHONSE.

Elle vous l'offrira.

D. PÈDRE.

Pourquoi chercher si loin?

D. ALPHONSE.

Mais où le prendrez-vous, Sire?

D. PÈDRE.

Où je crois possible
De rencontrer un homme au moins incorruptible.

D. ALPHONSE.

Je n'ose vous comprendre.

D. PÈDRE.

Alphonse!

D. ALPHONSE.

Eh bien , Seigneur ?

D. PÈDRE.

Cependant fais savoir à ce fier laboureur....

D. ALPHONSE.

A Juan ?

D. PÈDRE.

A Juan, que le roi de Castille
A Séville, aujourd'hui, le mande avec sa fille.
Garde-toi bien sur-tout, qu'il vienne à soupçonner
Quel confident le sort se plait à lui donner.

D. ALPHONSE.

Quels seraient vos projets ?

D. PÈDRE.

Ils sont hardis, peut-être.
Avant la fin du jour tu pourras les connaître.
Quel que soit leur effet, ils serviront, je crois,
De leçons aux sujets, si ce n'est pas aux rois.

Fin du premier Acte.

ACTE II.

Le théâtre représente le palais des rois de Castille. Vestibule.

SCÈNE PREMIÈRE.

JUAN, FÉLICIE, LÉON, *se tenant embrassés au lever de la toile.*

JUAN.

En croirai-je mes yeux ? Léon, est-ce bien toi ?

LÉON.

Qui ? vous ! Juan, qui vous ! dans le palais du roi !

FÉLICIE.

Léon, tu n'en es pas plus surpris que lui-même.

LÉON.

Trois fois heureux le jour qui me rend ce que j'aime !
Mon père ! Félicie ! Ah ! puis-je m'en flatter ;
Sommes-nous réunis pour ne plus nous quitter ?

JUAN.

Plaise au Ciel!

LEON.

Quel que soit le sort qu'on vous apprête,
Ce sort sera le mien.

JUAN.

Marchons, ma fille.

SCÈNE II.

JUAN, LÉON, FÉLICIE, ALMÈDE.

ALMÈDE.

Arrête.
Est-ce à toi qu'en ces lieux il est permis d'entrer?

JUAN.

Pourquoi non?

ALMÈDE.

Plus avant tu crois donc pénétrer?

JUAN.

Jusqu'au roi.

ALMÈDE.

De quel droit, insensé?

JUAN.

Que t'importe?

ALMÈDE.

Sans son ordre, on ne peut l'approcher.

JUAN.

Je le porte.
Et crois-moi, ce n'est pas de mon gré que je viens
Affronter les mépris de !a cour et les tiens.
(L'officier prend l'ordre, et sort.)

SCÈNE III.

JUAN, FÉLICIE, LÉON.

FÉLICIE.

Réprimez, s'il se peut, cet orgueil magnanime,
Mon père; auprès des grands, on dit qu'il est un crime.

LÉON.

Il sied à la vertu qu'on veut humilier.

JUAN.

Supporter le mépris, c'est le justifier.

FÉLICIE.

Ah! mon père! Ah! Léon, j'admire ce courage.
Mais un grand, mais un roi, peut n'y voir qu'un outrage.
Au mépris du bienfait qui lui sauva le jour,
Hélas! lorsqu'un ingrat vous accuse à la cour,

Quel excès de rigueur n'avez-vous pas à craindre,
Du roi, que nul motif n'engage à se contraindre?
Du roi, par vos discours déjà trop irrité....

JUAN.

Pourquoi m'appelle-t-il s'il craint la vérité?
Au destin toutefois, soumettons-nous, ma fille;
Et puisqu'en ce palais j'ai presque ma famille,
Que j'y suis libre encore entre Léon et toi,
Oublions un moment les caprices du roi.
Revenons à l'objet de nos longues alarmes,
A Léon dont la mort faisait couler nos larmes.
Cher Léon, quels malheurs loin de ces doux climats,
Loin de nous si longtems ont arrêté tes pas?
Je suis impatient d'en entendre l'histoire.
J'applaudis à l'amour quand il mène à la gloire.
J'applaudissais au tien, qui fier d'être éprouvé,
Au-dessus de ton rang t'a sans doute élevé.
La main de Félicie est le prix du courage,
L'as-tu méritée?

LÉON.

Oui: j'en prends à témoignage
Et les mers de l'Afrique et ces bords escarpés
De sueur et de sang par moi teints et trempés.
J'en atteste l'armée, ou, pour preuves plus sûres,
J'en atteste ce sein tout couvert de blessures,

Et qui, lorsque le fer par trois fois s'y fit jour,
Palpitait de douleur moins encor que d'amour.
C'est ce dernier témoin qu'il faut surtout en croire.
L'amour fait encor plus de héros que la gloire.
Il a conduit mes coups, il a guidé mes pas ;
Il enflammait mon cœur, il animait mon bras,
Soit qu'il fallut du fort vaincre la résistance,
Soit qu'il fallut du faible embrasser la défense.
C'est lui qui les chassant tels que de vils troupeaux
Des sanglans Africains m'a livré les drapeaux ;
Et, jusque sur leurs tours où notre étendart brille,
Par moi fraya la route aux guerriers de Castille.
Quand le fer déchira ce flanc cicatrisé
Ce flanc, de force et non de courage épuisé,
C'est lui, c'est cet amour dont l'excès me dévore
Qui seul devint ma vie et me fit vaincre encore.
Sur mon ennemi mort je retombai mourant.
Cependant nos soldats triomphaient en courant,
Et des vaincus tremblans, les vainqueurs intrépides
A pas précipités pressaient les pas rapides.
Resté seul, je touchais à mes derniers momens.
Quand un pàtre attiré par ces gémissemens,
Que mon malheur eût fait pardonner au plus brave...

JUAN.

D'un féroce Africain tu devins donc l'esclave ?....

(39)

LÉON.

Dites plutôt l'objet de ses soins les plus doux.
Bon pâtre! il était vieux et pauvre comme vous.
Sensible comme vous en son humeur austère :
Il m'appella son fils ; je l'appellai mon père.
Il le fut : si je vis, je le dois à ses soins ,
Qui n'eurent que le Ciel et mon cœur pour témoins.
Certain de leur succès ; « Ta blessure est guérie ,
» Qui donc t'arrête encor si loin de ta patrie. »
Il dit : et j'accourais dans ce séjour des rois
Au prix de la valeur exposer tous mes droits ,
Bouillant d'ambition , mais, vous pouvez m'en croire,
Bien plus ambitieux de bonheur que de gloire ;
Mais jusqu'au roi , jamais, aurais-je pénétré
Si ma fortune ici ne vous eût rencontré ?

SCÈNE IV.

JUAN , FÉLICIE , LÉON , ALMÈDE.

ALMÈDE.

C'est ici que le roi vous invite à l'attendre.
Au sortir du conseil, vieillard , il doit s'y rendre.
Mais il n'y veut trouver que votre fille et vous.
Soldat , vous m'entendez.

JUAN.

>Léon, séparons-nous.

LÉON.

Pouvez-vous exiger que je vous abandonne ?

JUAN.

Séparons-nous, Léon ; s'il faut que je l'ordonne,
Je te l'ordonne en père.

LÉON.

>A ce mot, j'obéis.
Si mes engagemens vous paraissent remplis,
Des vôtres aujourd'hui, Juan, qu'il vous souvienne.

JUAN.

Ma parole n'est pas moins sûre que la tienne,
Nous nous verrons bientôt.

SCÈNE V.

FÉLICIE, JUAN.

FÉLICIE.

>Hélas !

JUAN.

>Par des faveurs,
Le destin, tu le vois, tempère ses rigueurs ;

Et l'aspect de l'ami qu'en nos bras il renvoie,
Ma fille, à tes chagrins doit mêler quelque joie.
Bien plus, hors ce bonheur longtems inespéré,
Pour nous, en ce moment, est-il rien d'assuré?...
Loin donc tant de contrainte ou tant d'indifférence!
Ne reconnais-tu pas l'ami de ton enfance?
L'amant aimé, l'époux et fidèle et vainqueur,
Qui vient redemander et ta main et ton cœur?

FÉLICIE.

Mon cœur!

JUAN.

Ressouviens-toi, qu'il fut longtems ton frère
Ressouviens-toi, sur-tout, que son malheureux père,
Au moment d'expirer, vous bénissant tous deux,
De votre hymen, d'avance, a consacré les nœuds.
Léon a mérité que ma main les resserre.
A la paix, jeune encor, s'il préféra la guerre,
Il l'a faite en héros; et quitte envers l'État,
S'il n'est pas laboureur, du moins il est soldat.
Tu gémis. Dans ton cœur a-t-il perdu sa place?

FÉLICIE.

En ce cœur inquiet, sais-je ce qui se passe?
Dans ma tendre amitié, dès nos plus jeunes ans,
Léon trouva le prix de ses soins complaisans,

Ainsi qu'il trouvera dans ma constante estime
Le tribut imposé par sa vertu sublime.
J'ai pleuré son départ, j'ai pleuré son trépas;
Mais je ne saurais feindre, et je ne cache pas,
Désabusée, enfin, sur sa mort mensongère,
Qu'au bonheur cependant je me sens étrangère:
Ce n'est pas qu'un instant mon cœur ait oublié
Par quels nœuds à Léon il est déjà lié;
Que peut-être, ces nœuds n'aient eu pour moi des charmes:
Mais enfin, malgré moi, je sens couler mes larmes.
Votre intérêt lui seul m'occupe en ce moment.
Ou si je me surprends un autre sentiment,
Au milieu des périls où ce jour vous expose,
C'est l'indignation pour l'ingrat qui les cause.

JUAN.

Ce jeune courtisan !

FÉLICIE.

    Et n'est-ce pas à lui
Que je dois la terreur qui m'accable aujourd'hui!
Sans crainte, sans désir, en notre obscur asile,
Je vivais innocente, et vous viviez tranquille
Avant le jour, l'instant à jamais malheureux,
Où j'accourus, tremblante à ses cris douloureux.
Mon père; il était tems.... Sans force, sans haleine,
Sous son coursier mourant il palpitait à peine;

Mais, quoique de poussière et de sang tout souillé,
Il inspirait bien moins l'horreur que la pitié.
Du poids qui l'oppressait votre bras le soulage.
Dieux ! quel doux sentiment anima son visage,
Quand son premier regard eut rencontré le mien !
Trop faible encor, sa voix d'abord n'exprimait rien.
Mais tout parlait en lui ; mais ses yeux, son sourire
A sa bouche, en effet, ne laissaient rien à dire.
Ce sourire et ces yeux étaient donc d'un ingrat !...
Oh ! qu'il m'intéressait en ce pénible état !
Qu'il m'abusait ! Hélas ! bien loin de me déplaire,
Quand à vos heureux soins il offrait leur salaire,
Il me semblait guidé par la simple équité.
C'est vous que j'accusais de trop d'austérité.
Vos mépris pour les dons de sa reconnaissance
Transformaient à mes yeux un bienfait en offense.
J'en souffrais pour l'ingrat : n'avons-nous pas appris
Qu'il méritait encor de plus cruels mépris ?
De tout ce qu'il vous doit, contre vous il abuse.
C'est par vous qu'il respire, et c'est vous qu'il accuse
Courtisan misérable, à la faveur vendu,
Il vous dénonce au roi, qu'il n'a pas défendu.
Ah ! cet excès d'horreur tient pour moi du prodige.
Il me surprend, je crois, presqu'autant qu'il m'afflige ;
A l'excès du malheur il doit m'accoutumer,
Et m'apprendre à haïr quand j'étais près d'aimer.

SCÈNE VI.

ALMÈDE, D, PÈDRE, D. ALPHONSE.

ALMÈDE.

Voici le roi.

FÉLICIE.

Le roi ! mon erreur est extrême,
Ou c'est ce courtisan.... Mon père, c'est lui-même.

JUAN.

Eh bien !

D. PÈDRE.

Quand j'ai promis de tout redire au roi,
Vous ai-je trompé ?

JUAN.

Non , mais vous trompais-je moi ?

D. PÈDRE.

Ciel! quel trouble obscurcit le front de votre fille ?

FÉLICIE.

Seigneur, n'accablez pas une triste famille.
Je tombe à vos genoux.

JUAN.

Pourquoi s'humilier?
Sommes-nous criminels pour craindre et supplier?
Leve-toi.

D. PÈDRE.

Cet orgueil est juste, et tant de crainte
Peut me donner aussi quelques droits à la plainte.
Félicie, est-ce vous que je vois à mes pieds?
Croyez-vous qu'en un jour ils soient tous oubliés,
Ces soins, à qui je dois et la vie et l'empire?
Soins qui me sont plus chers que l'air que je respire!
Ah! si l'ingratitude est la vertu des rois,
Qu'à régner désormais je me sens peu de droits,
Moi, qui ne veux trouver dans la toute-puissance
Que l'utile instrument de ma reconnaissance;
Moi, qui mettrais au rang de mes jours les plus doux
Le jour, où triomphant et d'un père et de vous,
Je pourrais vous ravir au toît qui vous rassemble,
Et de bienfaits ici vous accabler ensemble!

JUAN.

Si dans ce seul dessein vous m'avez fait chercher,
A mes travaux, Seigneur, fallait-il m'arracher?
Croyez-vous m'assurer des destins plus prospères,
Lorsque vous m'exilez du tombeau de mes pères;
Du champ qui quarante ans suffit à me nourrir;
Du toît qui m'a vu naître et doit me voir mourir?
Oubliez-moi: voilà la faveur que j'implore:
Ou si dans vos projets vous persistez encore,

Dites-moi franchement ce que j'en dois penser.
Est-ce pour me punir ou me récompenser,
Que vous me condamnez à des faveurs si hautes?
Si j'ai sauvé vos jours, j'ai dévoilé vos fautes.
Mais c'est trop vous venger de ma témérité,
Que me ravir la paix de mon obscurité.
Sire ! vous connaissez mon âme toute entière ;
Laissez-moi mes amis, mes travaux, ma chaumière,
Laissez-moi le bonheur : il fut toujours pour moi
Loin des villes, des cours, et surtout loin du roi.

D. PÈDRE.

Pourquoi changer en loi ma timide demande,
Et l'ami qui supplie en un roi qui commande?
Pourquoi calomnier, sur de vains préjugés,
Un cœur qui vous honore et que vous outragez?
Quoi ! vos droits les plus saints à ma reconnaissance
Pour mon orgueil blessé ne seraient qu'une offense?
Quoi ! je vous punirais pour m'avoir éclairé
Dans cette nuit profonde où j'errais égaré ;
Pour m'avoir révélé ces longues injustices,
Dont les noms seuls des rois sont trop souvent complices !
Ah ! croyez-moi, Juan, ces généreux secours,
Ces soins toujours présens qui prolongent mes jours,
N'auraient pas plus de prix, même aux yeux du moins sage
Que vos prudens conseils, déjà mis en usage.

Oui, le mal, en mon nom trop longtems opéré,
Par ma sollicitude est presque réparé.
Le conseil de Castille à ma voix se rassemble ;
L'intrigant s'intimide, et le factieux tremble.
Des tributs, dont aux champs le travail est chargé,
Par mon ordre, à jamais, le poids est allégé ;
Et si le meurtre encore osait souiller Séville,
L'équité, désormais à la brigue indocile,
Prêtant aux justes seuls un appui solennel,
Irait dans tous les rangs saisir le criminel.
J'ai fait de vos désirs ma volonté suprême :
Bien plus, ils seraient tous remplis dès ce jour même,
Si l'homme simple et droit, en qui j'ai remarqué
Le ministre à mon choix par le vôtre indiqué,
Heureux d'anéantir la discorde intestine,
Acceptait le fardeau que son roi lui destine.

JUAN.

A l'accepter, Seigneur, aurait-il hésité ?

D. PÉDRE.

Je sais qu'il se complait en son obscurité.

JUAN.

Hélas ! je le conçois. Mais s'il peut être utile,
Il a perdu le droit d'être obscur et tranquille.

D. PÈDRE.

Il pourra m'alléguer qu'il connait peu nos lois.

JUAN.

Mais non pas l'équité : qu'il consulte sa voix ;
Qu'il cherche dans son cœur cette science auguste :
Pour juger l'injustice il suffit d'être juste. (8)

D. PÈDRE.

Je le crois : mais comment lui faire surmonter
L'obstacle le plus grand qui le semble arrêter ?

JUAN.

Quel est-il ?

D. PÈDRE.

Comme vous, il vit tout pour sa fille.

JUAN.

En est-il moins l'enfant de la grande famille ?
Son nouveau titre a-t-il anéanti l'ancien ?
Pour être père, enfin, n'est-il plus citoyen ?

D. PÈDRE.

Non, sans doute, et j'en crois ce qu'il vient de me dire.
De la vertu, Juan, rétablissez l'empire ;
Prononcez sur la vie et le sort des humains ;
La justice a remis son glaive entre vos mains :

Et votre roi, certain de vous trouver docile,
Vous proclame aujourd'hui grand-juge de Séville. (9)

JUAN.

Moi !

D. PÈDRE.

Si ce n'est en vous, en qui dois-je trouver
Cette sagacité que je viens d'éprouver ;
Et dans une âme ensemble et sévère et sensible,
Les austères vertus d'un juge incorruptible ?

JUAN.

Vous me voyez frappé d'un tel étonnement,
Qu'à vous désabuser je songe vainement.

D. PÈDRE.

A quoi bon le tenter ? Juan, pour vous confondre,
Par vos propres discours je n'ai qu'à vous répondre.

JUAN.

O vieillard misérable ! ô père infortuné !
Dans quel piége, Seigneur, m'avez-vous entraîné ?

D. PÈDRE.

Je vous élève au rang où la vertu vous porte,
Où votre devoir même à monter vous exhorte.
Pratiquez vos conseils, ou l'on peut soupçonner
Qu'ils vous semblent moins bons à suivre qu'à donner.

3.

JUAN.

Comme à donner , Seigneur , je les crois bons à suivre.
Mais que penser du tems où le sort nous fait vivre,
Si l'on peut croire, un jour, que de pareils avis
N'auraient été sans moi ni donnés ni suivis?
Quoiqu'il en soit, avant d'entrer en esclavage,
D'un peu de liberté ne puis-je faire usage?
Qu'au père de famille il soit permis, du moins,
De retourner aux lieux qui réclament ses soins;
Aux champs où les doux fruits des sueurs de l'année,
Où ma moisson languit aux vents abandonnée.
Peu d'heures suffiront à mes derniers plaisirs.

D. PÈDRE.

Quoiqu'à regret, Juan, je cède à vos désirs.
Chaque jour, chaque instant du magistrat suprême
Appartient à l'État, et non plus à lui-même;
Absent comme présent, il doit compte en effet
Du bien qu'il eût pu faire, et du mal qu'on a fait.
Plus que vous ne croyez, vous m'êtes nécessaire;
Enfin j'ai des projets qu'il faut encor vous taire;
Mais sur lesquels bientôt je veux vous consulter;
Notre commun bonheur pourrait en résulter.
Hâtez-vous donc: malgré le rang qui vous décore,
Non, pour mon bienfaiteur je n'ai rien fait encore,
Rien pour ma bienfaitrice.

JUAN.

Adieu , Sire.

D. PÈDRE.

Mes soins

Pourvoiront cependant à vos nouveaux besoins.
Je le dois, je le veux. Étrangers dans Séville,
Hors du toît paternel, vous n'avez plus d'asile.
Je vous en réserve un dans le palais des rois.

JUAN.

Allons voir ma chaumière une dernière fois.

SCÈNE VII.

D. PÈDRE , D. ALPHONSE, ALMÈDE *(dans le fond).*

D. PÈDRE.

Alphonse, il l'a promis. Alphonse, encore une heure,
Ils auront oublié leur rustique demeure ;
Et de retour enfin dans cet heureux palais,
Ils y seront rentrés pour n'en sortir jamais.
Dans ce palais, ami, je ne crains plus de vivre ;
Il est déjà rempli d'un charme qui m'enivre.
Aux lieux où sans espoir j'avais tant soupiré,
J'ai respiré déjà l'air qu'elle a respiré !
J'ai lu dans ses regards, ou du moins j'ai cru lire
Un sentiment semblable à celui qu'elle inspire.

Ah ! si cet embarras qu'a produit mon aspect,
Naissait de la pudeur et non pas du respect;
S'il exprimait l'amour plus encor que la crainte !

D. ALPHONSE.

Eh bien !

D. PÈDRE.

C'est trop longtems vivre dans la contrainte;
Et qui m'empêcherait dès demain, dès ce jour,
D'élever jusqu'à moi l'objet de mon amour? (10)

D. ALPHONSE.

Rien, sans doute; la loi ne le défend pas, Sire;
Et le maître de tout peut tout ce qu'il désire :
Mais peut-être à l'amour c'est trop s'abandonner,
Que d'acheter un cœur tout prêt à se donner.
De l'amour, croyez-moi, l'amour est le salaire.
Ainsi qu'on vous a plu, ne pouvez-vous donc plaire ?
Jeune, sensible, aimable, amoureux, ah ! pourquoi
Cacher un tel amant pour ne montrer qu'un roi;
Et prodiguant l'éclat de la grandeur suprême,
Vous priver du bonheur d'être aimé pour vous-même?

D. PÈDRE.

Le suis-je, hélas ! vingt fois j'espérai vainement
Ravir à Félicie un aveu si charmant.
Juan nous observait. L'amour qui me dévore,
Par ce doute éternel semble s'accroître encore.

D. ALPHONSE.

Tandis que l'intérêt du Prince et de l'État
Retiendrait près de vous le nouveau magistrat,
Ne peut-on sur ce point interroger sa fille ?
Entre mille vertus dont sa jeunesse brille,
J'ai reconnu surtout son ingénuité.
J'en peux, sans beaucoup d'art, tirer la vérité
Que le cœur à regret dissimule à son âge,
Et qui déjà, Seigneur, se lit sur son visage.

D. PÈDRE.

Eh bien, Alphonse, eh bien ! je me confie à toi.
Tu connais les projets et l'amour de ton roi ;
Tu sais à quels bienfaits ils doivent la naissance ;
Autant que mon amour, sers ma reconnaissance.
Lis dans ce cœur timide, à mes regards fermé,
Et dis-moi que l'on m'aime autant qu'on est aimé.

D. ALPHONSE.

N'en doutez pas, Seigneur.

SCÈNE VIII.

D. ALPHONSE, ALMÈDE.

ALMÈDE.

Eh ! que viens-je d'entendre
A servir ses projets vous pourriez condescendre !

D. ALPHONSE.

Je vois à quels écarts son cœur peut l'entraîner,
Et je flatte le roi pour le mieux gouverner. (11)

ALMÈDE.

C'est présumer beaucoup.

D. ALPHONSE.

Un ami plus austère
Ne ferait qu'irriter ce fougueux caractère.
Si je sers son amour, c'est pour avoir jugé
Qu'il s'éteindrait bientôt s'il était partagé.

ALMÈDE.

S'il était partagé, l'amour qui le dévore
Dans ce cœur de vingt ans pourrait s'accroître encore.
Qu'aurait produit alors votre imprudente erreur?
Du monarque et de vous le commun déshonneur!

D. ALPHONSE.

Ce malheur est possible, et j'en frémis d'avance.
Mais le sort en ceci peut plus que ma prudence.
Il faut bien s'y soumettre.

ALMÈDE.

Il faut le dominer.

D. ALPHONSE.

En sais-tu le moyens?

ALMÈDE.

Pourrais-je imaginer
Que cette Félicie, à la cour si fatale,
Dans ses bois vainement n'ait point eu de rivale,
Et sans le triste essai qu'elle en fait en ces lieux,
Ignorerait encor le pouvoir de ses yeux?
Aucun de ses égaux n'aurait brûlé pour elle!

D. ALPHONSE.

Si l'on ne m'a pas fait un récit infidèle,
Je ne sais quel Léon obtint jadis sa main.

ALMÈDE.

Léon! qu'avez-vous dit?

D. ALPHONSE.

Au rivage africain,
Almède, ce soldat a fini sa carrière.

ALMÈDE.

Alphonse, ce soldat voit encore la lumière.

D. ALPHONSE.

De son obscur destin qui t'aurait informé?

ALMÈDE.

Juan, qui l'embrassait; Juan, qui l'a nommé,
Dans ces transports mêlés de surprise et de joie,
Que fait naître l'ami que la mort nous renvoie.

D. ALPHONSE.

Léon vit, c'est assez. J'ai conçu tes projets.
Unissons nos efforts, comme nos intérêts :
Tout le veut aujourd'hui; l'honneur de notre maître,
L'honneur de la Castille, et le nôtre, peut-être.
Pour épargner au trône un si cruel affront,
Prévenons, empêchons par un hymen plus prompt
L'injurieux hymen que Don Pèdre médite.
Va, cours, et que Juan soit instruit au plus vîte.
Tandis que ton adresse en son cœur irrité,
Va révolter l'honneur contre la vanité;
Dans le cœur de sa fille, instruite enfin qu'on l'aime,
Je veux contre un amant révolter l'amour même.
Qu'à nous servir contre eux tous deux soient engagés :
Contre leurs intérêts armons leurs préjugés;
Et ne permettons pas qu'une erreur passagère
Nous soumette un seul jour à leur race étrangère.

Fin du second Acte.

ACTE III.

SCÈNE PREMIÈRE.

D. ALPHONSE, ALMÈDE.

D. ALPHONSE.

En bien !

ALMÈDE.

J'ai vu Juan. De nos heureux projets,
Sur son front indigné, j'ai lu tout le succès.
De sa fille, Seigneur, que faut-il qu'on espère ?

D. ALPHONSE.

J'en puis répondre autant que tu réponds du père.
Avant la fin du jour, ami, nous l'emportons.
Si....

ALMÈDE.

Mais on vient : c'est elle et son frère.

D. ALPHONSE.

Sortons.

SCÈNE II.

DIÉGUE, FÉLICIE.

DIÉGUE.

Ma sœur, quelle nouvelle heureuse, inattendue,
Jusque dans nos forêts s'est déjà répandue !
Sous ces obscurs habits, ce voyageur caché,
Ce jeune homme, à la mort par tes soins arraché,
Ma sœur, c'était le roi ! j'ose à peine le croire.
Quelle source pour nous de bonheur et de gloire !
Déjà dans le pouvoir dont il est revêtu,
Notre père a trouvé le prix de sa vertu ;
Et l'on dit qu'en l'excès de sa reconnaissance,
Le roi met à tes pieds son cœur et sa puissance ;
Qu'il t'aime, et que bientôt le plus sacré lien....
Tu gémis, tu rougis, tu ne me réponds rien....

FÉLICIE.

L'amour peut-il unir l'esclave avec le maître ?
Il veut l'égalité...

DIÉGUE.

Ma sœur, il la fait naître !
Et ce palais des rois où tu viens habiter....

FÉLICIE.

Ce palais, que ne puis-je à l'instant le quitter !

DIÉGUE.

Va, ton indifférence, en un jour si prospère,
Me surprend plus encor que celle de mon père.
Après tout, il est vieux ; trente ans d'obscurité
Lui font de l'habitude une nécessité ;
Et sa grandeur subite, objet de tant d'envie,
N'est qu'un brillant malheur qui vient changer sa vie.
Mais nous, nous devons voir et juger par nos yeux.
Si l'on doit écouter ses goûts ambitieux,
Va, c'est à notre place, et surtout à notre âge.
Quand je vois ta beauté, quand je sens mon courage,
Je me dis que le sort ne nous a pas formés
Pour languir sans honneur, sous le chaume enfermés.
Si d'un soc à jamais je dois guider la trace,
A quoi bon dans mon sein tant d'ardeur et d'audace?
A quoi bon sur ton front tant de grâce et d'éclat,
Si tu dois n'asservir que le cœur d'un soldat?
Imite-moi, ma sœur. J'entre avec assurance
Dans le vaste avenir que m'ouvre l'espérance.
J'aime à le mesurer, je veux le parcourir.
Le bonheur, de lui-même, à nos mains vient s'offrir ;
Saisis-le : qu'à tes droits ton rang enfin réponde ;
La force et la beauté sont les maîtres du monde. (12)

FÉLICIE.

L'honneur seul est le mien.

DIÉGUE.

Ma sœur, peux-tu penser
Que je t'engage à rien qui le puisse offenser?
S'il fallait voir sans lui ta fortune établie,
Loin de toi le bonheur que suivrait l'infamie !

FÉLICIE.

Loin de moi le bonheur qu'on m'ose présenter,
Puisqu'à ce prix, mon frère, il faudrait l'acheter.

DIÉGUE.

Que me dis-tu ?

FÉLICIE.

Don Pèdre !.... et c'est lui qui m'outrage !

DIÉGUE.

Poursuis.

FÉLICIE.

D'un courtisan je n'ai pas le courage;
Mais juge quel affront il me faut supporter,
Au trouble que j'éprouve à te le raconter.
Don Pèdre ! ô Ciel, sortons : la fuite la plus prompte
Ne saurait assez tôt me soustraire à ma honte.

SCÈNE III.

D. PÈDRE, D. ALPHONSE, FÉLICIE, DIÉGUE.

D. PÈDRE.

Eh bien ! connaissez-vous les secrets de mon cœur?
Alphonse a-t-il parlé ?

DIÉGUE *(montrant sa sœur.)*

Vous voyez sa rougeur.

D. PÈDRE.

Qu'en faut-il augurer ?

FÉLICIE.

Je ne sais s'il faut croire
Que Don Pèdre, pour moi, veuille oublier sa gloire ;
Mais je sais que ce cœur, lent à le suspecter,
N'oublîra pas la sienne, et sait se respecter :
Le Ciel, en me jetant dans la foule commune,
A conformé du moins mes vœux à ma fortune.
L'honneur et la raison qui les règlent d'accord,
Ne me permettent pas de craindre que le sort
Jusqu'à ce point jamais, ou m'élève, ou m'abaisse,
Qu'un roi rencontre en moi sa femme ou sa maîtresse. (13)

(Elle sort avec Diégue.)

SCÈNE IV.

D. PÈDRE, D. ALPHONSE.

D. PÈDRE.

Voilà donc le succès de vos soins ?

D. ALPHONSE.

Ah! mon roi.

Ces dédains affectés.....

D. PÈDRE.

            Des dédains avec moi!
Ah! cette seule idée et m'offense, et m'irrite.
Des dédains!....... Après tout, peut-être il les mérite
Celui qui t'en croyant plus que son propre cœur,
Remet sa destinée à ton art corrupteur;
Te permet d'avilir avec celle qu'il aime,
Et sa reconnaissance, et son bonheur lui-même.
Si l'on t'a pénétré, va, j'en suis trop certain,
Malheureux! je ne puis qu'inspirer le dédain.
Non! non! je puis encore effacer cette injure.
Et que m'importe à moi que l'orgueil en murmure?
Le dois-je écouter seul? et le chef de l'État
Doit-il mettre sa gloire à toujours être ingrat?
Ne pourrai-je imiter les rois qui m'environnent?
Sans contrainte à leurs cœurs ces héros s'abandonnent.
A Grenade, à Murcie, on vit plus d'une fois,
La beauté sans ayeux s'asseoir auprès des rois. (14)
Et je n'ose à ce prix posséder ce que j'aime
Sur son front, s'il le faut, plaçons le diadême.
Qui m'asservit, peut-être a droit de commander.
Pour épouse, à son père, osons la demander.
Juan vient: à l'aspect de ce vieillard rigide,
Quel secret sentiment me gêne et m'intimide?

Est-ce à moi qu'il convient ici de se troubler ?
J'offre un trône, est-ce à moi qu'il convient de trembler ?

SCÈNE V.

D. PÈDRE, JUAN, D. ALPHONSE.

D. PÈDRE.

Eh bien ! Juan ?

JUAN.

Seigneur, j'ai parcouru Séville,
L'ordre se rétablit dans cette immense ville ;
Et je veux que la nuit y trouve à son retour
Plus de sécurité que n'en offrait le jour.
Malheur à l'assassin, Seigneur, quelqu'il puisse être :
La justice en tous lieux saurait le reconnaître ;
Elle veille ; déjà le glaive est en sa main,
Et le sang désormais ne crîra plus en vain.
J'ose en répondre.

D. PÈDRE.

Ami, dans votre prévoyance,
J'ai mis, vous le savez, toute ma confiance.
A vos sages projets je souscris le premier.
C'est au bonheur public à me justifier.
Puisqu'il est assuré, votre gloire et la mienne
Ne s'offenseront pas que je vous entretienne

D'un intérêt moins grand, mais non moins cher.

JUAN.

Seigneur,
J'écoute.

D. PÉDRE.

Tu l'as dit, cher Juan, ton bonheur
Repose tout entier sur celui de ta fille.

JUAN.

Sur son honneur; et c'est celui de sa famille.
Distrait par d'autres soins, je veux, dès aujourd'hui
Seigneur, à sa faiblesse assurer un appui.

D. PÉDRE.

J'aime qu'à la raison ton cœur enfin se rende.
L'effort sans doute est grand; mais tout te le commande;
Tout jusqu'à la tendresse, ami, te fait la loi
D'assurer à ta fille un soutien après toi :
Et pour veiller au sort d'une tête si chère,
Quel autre qu'un époux peut remplacer un père ?

JUAN.

Comme vous je le crois; à des droits aussi doux
Je ne puis renoncer qu'en faveur d'un époux.

D. PÉDRE.

Choisis, Juan, choisis, sans tarder davantage.
La vertu, la beauté sont peut-être un partage

Digne de balancer le vain éclat des rangs.
Choisis, fût-ce en ma cour : en ma cour comme aux champs
Père trop fortuné, crois qu'il n'est pas possible
Que ta fille jamais trouve un cœur insensible.

JUAN.

Quand mon choix dès longtems n'eût pas été réglé,
La fortune à ce point m'aurait - elle aveuglé,
Qu'à monter jusqu'aux grands on me vit condescendre ?
Sire, mon égal seul peut devenir mon gendre.

D. PÈDRE.

Connais donc tes égaux. Le plus saint des emplois
Fait briller en tes mains le fer sacré des lois;
Sur ton front vénéré leur majesté rayonne.
Tes vrais égaux, Juan, sont autour de mon trône:
Les voir en d'autres lieux serait plus qu'une erreur.

JUAN.

Laboureur, j'ai choisi le fils d'un laboureur.

D. PÈDRE (*vivement*).

L'aime-t-on ?

JUAN.

J'ai promis.

D. PÈDRE,

Orgueil inexplicable !
Mais cet engagement n'est pas irrévocable ?

JUAN.

Il l'est.

D. PÈDRE.

Le tems, les lieux, peuvent changer ton cœur.

JUAN.

Jamais.

D. PÈDRE.

Si l'un de ceux qu'illustre ma faveur,
Prêt à te partager la splendeur dont il brille,
Ne voulait pour tout prix que la main de ta fille,
Dans ton projet, Juan, tu persisterais?

JUAN.

Oui,

D. PÈDRE (surpris).

D'un éclat emprunté tu n'es pas ébloui.
Mais si celui qui tient son éclat de lui-même,
Un prince... un roi.... que sais-je enfin...

JUAN.

Vain stratagême!

Que me demandez-vous?

D. PÈDRE.

Et toi, que réponds-tu?

JUAN.

Pourquoi vous faire un jeu d'éprouver ma vertu?

D. PÈDRE *(à part).*

Ne m'entendrait-il pas, ou craint-il de m'entendre?

JUAN.

Seigneur, quittez la feinte ou daignez la suspendre.
Plus d'un pressant motif m'amenait en ces lieux;
Ne leur dérobez pas un tems si précieux.
Vous ne connaissez pas toutes les injustices....
Écoutez : un soldat, couvert de cicatrices,
Et qu'une longue route a bien moins fatigué
Que la perte du sang qu'il vous a prodigué,
Sur des droits si sacrés fondant sa confiance,
Venait vous demander le prix de sa vaillance.
Par d'obscurs courtisans il se voit repoussé.
Étouffant les soupirs de son sein oppressé,
Renfermant dans ses yeux ses généreuses larmes,
Muet, il s'éloignait : quand ses compagnons d'armes,
Aux portes du palais, sous leurs drapeaux rangés,
A ses traits par le fer noblement outragés,
Reconnaissent l'ami dont ils pleuraient la perte.
Pour l'entourer, soudain leur troupe s'est ouverte.
Nommé dans tous les cris, sur tous les cœurs pressé,
Par les braves en pleurs ce brave est embrassé.
Après tous ses travaux, il a dit son outrage.
Est-ce donc là le prix du sang et du courage?

Disent les vieux soldats: et puis jetant les yeux
Sur moi, que le tumulte attirait en ces lieux;
Magistrat, s'il est vrai que ton cœur justifie
Le roi, dont la justice en toi seul se confie,
La vérité te plait, et peut lui parvenir :
Se veut-il assurer des succès à venir?
Des services passés dis-lui qu'il se souvienne.

D. PÈDRE.

Ce brave, où donc est-il ?

JUAN.

Il est ici.

(Indiquant le vestibule.)

D. PEDRE.

Qu'il vienne.

JUAN.

Permettez-vous aussi que vos plus vieux soldats,
Témoins de ses exploits, accompagnent ses pas?

D. PÈDRE,

Qu'ils entrent tous.

SCÈNE VI.

D. PÈDRE, JUAN, D. ALPHONSE, LÉON, *soldats.*

D. PÈDRE.

Amis, approchez-vous sans crainte.
La voix du magistrat m'a porté votre plainte :

Elle est juste ; le roi ne peut par trop d'éclat
Récompenser le sang prodigué pour l'État.
Ce devoir est l'objet de ma sollicitude.
Toi, qui m'as pu taxer de quelqu'ingratitude,
Reçois plus qu'un soldat n'oserait demander.
Tu savais obéir, tu sauras commander.
Cent guerriers te suivront. Que ta valeur s'apprête
A bien répondre au choix qui t'a mis à leur tête.

JUAN.

Sire, fissiez-vous plus encor pour ce guerrier,
Vous ne feriez jamais son bonheur tout entier :
Il n'est pas tout au rang où votre choix l'élève.
Ce que vous commencez, souffrez que je l'achève.
Quand au fer bienfaisant qui nourrit les humains,
Tu préféras ce fer si terrible en tes mains,
Léon, je déplorais ces penchans invincibles,
Qui dérobaient ton bras à nos travaux paisibles.
Convaincu toutefois qu'il est plus d'un moyen
D'acquitter le tribut que doit tout citoyen,
Qu'un grand cœur peut se plaire en des dangers utiles,
Et qu'à l'amour, surtout, les exploits sont faciles,
Je permis que ta gloire effaçât à mes yeux
Ton oubli pour le soc, si cher à tes ayeux ;
Et promis la beauté dont ton âme est charmée
Au plus brave soldat de la plus brave armée.

J'en crois tes compagnons, dont ces lieux sont remplis;
J'en crois ton roi; tu l'es. Sois donc aussi mon fils,
Félicie est à toi.

LÉON.

Qu'entends-je? Félicie!

(Au roi.)

O vous, à qui je dois le bonheur de ma vie!
Quel autre sentiment peut acquitter mon cœur,
Qu'une reconnaissance égale à mon bonheur?

JUAN.

Viens revoir ton épouse, et fixer la journée
Où le ciel bénira votre heureux hyménée.
Voilà mon gendre, Sire. Ah! parmi ses rivaux,
Quels qu'ils soient, croyez-vous qu'il ait beaucoup d'égaux?

SCÈNE VII.

D. PÈDRE, D. ALPHONSE.

D. PÈDRE.

Je ne sais si je veille; et j'ai peine à comprendre
Ce que je viens de voir, ce que je viens d'entendre.
Penses-tu qu'à ce point on ait jamais porté
La patience, Alphonse, et la témérité?
Que suis-je? qu'est Juan? N'est-ce pas moi qui règne?
C'est moi qui le recherche, et lui qui me dédaigne!

Ni l'éclat des faveurs dont je veux le combler,
Ni le poids du courroux dont je puis l'accabler,
Ni cette passion dans tous mes traits empreinte,
Rien n'émeut sa pitié, son orgueil ou sa crainte.
Impassible, il observe avec malignité
Les divers mouvemens de mon cœur agité,
Habile à se saisir du triomphe facile
Qu'a médité longtems sa cruauté tranquille.
Du néant c'est ainsi qu'il m'oblige à tirer
L'audacieux rival qu'il m'ose préférer.
Et je le souffrirais ! et l'amour qui m'anime
Permettrait qu'aux autels il traînat sa victime ?
Père insensé, crois-tu tromper impunément
Et l'orgueil d'un monarque, et l'espoir d'un amant ?
S'il se peut que jamais cet hymen s'accomplisse,
Malheur à toi, malheur à ton obscur complice. !
Je ne veux rien résoudre et n'ose rien prévoir :
Mais qu'on s'attende à tout d'un cœur au désespoir.

SCÈNE VIII.

D. PÈDRE, D. ALPHONSE, DIÉGUE.

D. ALPHONSE.

Que veut Diégue ?

DIÉGUE.

Sire, il veut pour toute grace
Qu'à sa sincérité la vôtre satisfasse.

Est-il vrai que mon père ait lu dans vos projets ?
Que bien loin de vouloir avilir vos sujets,
Bien loin de réserver l'opprobre à ma famille,
Comme épouse, à Juan, vous demandez sa fille ?
Puis-je enfin vous servir sans me déshonorer ?

D. PÈDRE.

Eh quoi! Diégue !.... Il t'est permis de l'ignorer,
Mais Juan, ce vieillard, dont l'âme inexorable
Se fait de ma douleur un plaisir misérable,
Avec tant d'artifice élude mes aveux ;
Il sait trop que tel est le plus cher de mes vœux.

DIÉGUE.

Sachez donc que l'Aurore, en ouvrant la journée,
Demain doit de ma sœur éclairer l'hyménée.
Que, par vertu, barbare envers elle, envers nous,
Mon père, au jour naissant, la livre à son époux.

D. PÈDRE.

Ah ! Dieu !

DIÉGUE

De ce projet, Sire, il vient de m'instruire.
Lui-même en sa chaumière il prétend la conduire.
Sous cet abri, sans doute, il espère cacher
L'hymen que vainement j'ai tenté d'empêcher.

Ou je m'abuse, Sire, ou ce n'est pas sans peine
Que ma sœur tend les mains à cette triste chaine.
Par amour, par pitié, profitez des instans.
Dans un jour, dans une heure, il ne sera plus tems.
Ils sont partis.

D. PÈDRE.

Partons. Je suis prêt à te suivre.
Allons. Vivons pour elle ou renonçons à vivre.
A travers la forêt sers de guide à mes pas ;
Et crois que cet hymen ne s'accomplira pas.

Fin du troisième Acte.

ACTE IV.

Le théâtre représente le même site qu'au premier Acte.

SCÈNE PREMIÈRE.

JUAN, FÉLICIE, LÉON.

JUAN.

MA FILLE, asseyons-nous au pied de ce vieux chêne.
De mon hymen un père y consacra la chaîne.
Ta mère aimait ces lieux pleins de son souvenir;
Et devant elle encor je crois t'entretenir.

FÉLICIE.
Hélas!

JUAN.

Longtems bornée aux soins de ma famille,
Tu ne fus et tu n'es encore que ma fille.
Il est d'autres devoirs, apprends-le en ce grand jour.
Désormais citoyenne, ah! sois mère à ton tour. (15)

Dans les liens sacrés d'un hymen honorable
Cherche un bonheur modeste; et c'est le seul durable:
C'est celui que Léon est prêt à t'assurer,
Pour prix de cette foi que tu vas lui jurer.

LÉON.

Don Pèdre, en ajoutant au prix de mon courage,
Semble à mes vœux lui-même accorder son suffrage.
Tout concourt à presser ce fortuné lien.

FÉLICIE.

En faisant son devoir chacun m'apprend le mien.

LÉON.

Tu parles de devoir! Promise à ma vaillance,
Ta foi, comme la source en est la récompense.
A travers mille morts, oui, c'est toi que mon bras
Brûlait de conquérir au milieu des combats.
Et les cieux de l'Afrique, et sa brûlante arêne,
Et des vents meurtriers la dévorante haleine,
Et ces vastes déserts si féconds en dangers,
Et l'exil si cruel sur ces bords étrangers,
Pour toi, j'ai tout bravé: mais, hélas! si ma flamme,
Mais si tout mon amour ne vit pas dans ton âme,
Mais, si ton cœur esclave aux sermens seuls soumis,
Ne s'abandonne aux miens que pour s'être promis,

Reprends ton cœur, reprends ta foi: ce sacrifice
Pour celui qui t'adore est un moindre supplice
Que l'horreur de sentir, de voir à tout moment
Ce qui fut mon bonheur devenir ton tourment.
Cesse de m'accuser par d'injustes alarmes.
Je puis tout affronter, hors ta crainte et tes larmes.
Je retourne aux combats, à la mort; et crois-moi,
Il faut t'aimer beaucoup pour renoncer à toi.

FÉLICIE.

Écoute et connais-moi. Moins que la tienne ardente
Mon âme, cher Léon, n'en est pas moins constante,
Et l'ingénuité de nos épanchemens,
Et la solemnité de nos engagemens,
Tout m'est présent encore; et ce cœur dont tu doutes,
Ferme en ses volontés les accomplira toutes.
Oui, plus je m'examine, et plus je trouve en moi,
Ce premier sentiment qui m'a donnée à toi.
Bien loin de s'affaiblir dans ce cœur qu'il honore,
Il n'y pourrait changer que pour s'accroître encore.
Ces tranquiles aveux n'offrent pas, j'en conviens,
L'impétueuse ardeur qui brûle dans les tiens:
De notre premier âge ils ont le caractère;
Ce sont ceux d'une sœur qui s'adresse à son frère:
Mais ce frère est l'objet de mes plus tendres soins;
Son bonheur est pour moi le premier des besoins;

Et je veux, en serrant notre chaîne première,
Consacrer son retour sous notre humble chaumière.

JUAN.

Aimez-vous, mes enfans. Il n'est pas de séjour
Que n'embellisse encore un mutuel amour.
Aimez-vous : consolez par un doux hyménée
La chaumière déserte, et non abandonnée,
Qui m'a tant vu sourire à vos jeux innocens
Et même aux doux transports de vos amours naissans.
Échappés aux soucis où je demeure en proie,
Là vous retrouverez la liberté, la joie,
Qui, sans les offenser, peut s'y montrer aux yeux.
Là, s'il est des jaloux, il n'est point d'envieux.
Notre bonheur peut-il ne pas avoir des charmes
Pour nos amis d'enfance et nos compagnons d'armes ?
Mes enfans ! que ne puis-je avec vous, sans retour,
Oubliant désormais et la ville et la cour,
Dans le temple rustique où dorment nos ancêtres,
Vous présenter moi-même à nos modestes prêtres,
Et mêler aux accens de la solemnité
Les bénédictions de la paternité !
Recevez-les du moins : accorde à leur jeunesse
La médiocrité, bien plus que la richesse,
Grand Dieu ! que leurs plaisirs naissent de leurs travaux ;
Qu'ils trouvent des amis jusques dans leurs rivaux ;

Mets la force en leurs bras; mets la paix en leur âme;
Bénis leur chaste amour; fécondes-en la flamme;
Et leur donnant des fils dignes de nos ayeux,
Conserve-moi leurs mains pour me fermer les yeux.
Soyez bénis.

FÉLICIE.

Le Ciel puisse-t-il vous entendre !

JUAN.

Pourquoi faut-il briser un entretien si tendre !
Mais le devoir commande : il faut nous séparer.
Pour cet hymen, Léon, va, cours tout préparer.
Cours presser nos amis d'en partager la fête.
Que fait mon fils ? quel soin loin de ces lieux l'arrête ?
Il eût tenu ma place en des momens si doux !

(Montrant Léon.)

Mais quoi! voilà mon fils et voilà ton époux.

(Ils sortent par différens côtés.)

SCÈNE II.

(La nuit commence à tomber).

FÉLICIE (seule).

Que la voix paternelle est consolante et sainte!
Comme les noirs chagrins, comme les sombres craintes
Qui tourmentaient mon cœur et fascinaient mes sens,
Se sont évanouis à ses premiers accens !

Sa bénédiction me donne un nouvel être.
Conservons bien la paix qu'en moi je sens renaître.
Repoussons, abjurons un chimérique espoir.
Si le bonheur existe, il est dans le devoir.
Ah! surtout, il n'est pas dans ce trouble funeste
D'un imprudent amour dont le secret me reste;
Dont je veux dévorer jusqu'au dernier soupir;
Dont je veux étouffer jusques au souvenir.

SCÈNE III.

FÉLICIE, D. PÈDRE.

D. PÈDRE.

A travers la forêt par la nuit obscurcie,
J'ai cru la reconnaître : est-ce vous Félicie?

FÉLICIE.

Vous, Sire !

D. PÈDRE.

Quel motif vous fait fuir mon palais?

FÉLICIE.

Le seul auquel je puisse obéir désormais.

D. PÈDRE.

L'excès de la faiblesse ou de la tyrannie?

FÉLICIE.

Ma volonté, Seigneur, à mes devoirs unie.

D. PÈDRE.

Avec plus de franchise on pourrait ajouter.....

FÉLICIE.

Les seuls vœux que l'honneur m'ait permis d'écouter.

D. PÈDRE.

Les seuls! Je comprends trop ce que vous voulez dire.

FÉLICIE.

Comprenez donc aussi pourquoi je me retire.

D. PÈDRE.

Ne m'entendez-vous pas?

FÉLICIE.

Je ne puis.

D. PÈDRE.

Un instant;

Un seul instant : restez.

FÉLICIE.

Mon honneur le défend.

D. PÈDRE.

Le mien le veut. Que dis-je? Ah! quand la calomnie
Et sur vous et sur moi répand l'ignominie,

L'honneur veut que je parle et doit vous ordonner
D'entendre pour punir, ou bien pour pardonner.
Mais que punirez-vous ? Si dans mon pur hommage,
Un infidèle ami vous offrit un outrage,
Croyez-en mes soupirs, mon trouble, ma fureur,
Le crime est de sa bouche, et non pas de mon cœur.
C'est pour le réparer ce crime affreux, impie,
Que j'apporte à vos pieds, où ma douleur l'expie,
Avec mon désespoir, et mon sceptre, et ma foi
Qu'un autre n'eût pas dû vous présenter pour moi.
De mes vrais sentimens voilà les interprêtes.

FÉLICIE.

Rappelez-vous, Seigneur, qui je suis, qui vous êtes.

D. PÈDRE. *(avec transport.)*

Vous êtes reine, et moi des rois infortunés
Le plus à plaindre, hélas ! si vous m'abandonnez.

FÉLICIE.

Si vous ne me fuyez, je suis la seule à plaindre.
Honneur, raison, pitié, tout doit vous y contraindre.
De votre illustre rang prodiguez moins l'éclat.
Fille d'un laboureur, épouse d'un soldat,
Voilà ce que je suis, et ce que je veux être.
Le sort pour être unis ne nous a pas fait naitre.

Quand chaque instant accroît les obstacles trop grands
Qui déjà séparaient et nos cœurs et nos rangs,
Souffrez que je repousse un amour qui m'honore.
Au défaut du bonheur, c'est la paix que j'implore.
Elle est dans cet asyle, où loin du monde entier
Je veux vous oublier et me faire oublier.

D. PÈDRE.

Connaissez-vous si peu l'attrait qui m'y rappelle,
Que vous y puissez vivre et m'oublier, cruelle ?
Contemplez bien ces lieux, chers et sacrés témoins
De mes périls, hélas! moins affreux que vos soins :
C'est-là que j'expirais avant de vous connaître ;
C'est-là qu'en vous voyant, je me sentis renaître.
Amant déjà, vous plaire était déjà mon vœu ;
Et mon premier regard fut mon premier aveu.
Insensé ! je prêtais à votre trouble extrême
Un sentiment plus doux que votre pitié même.
C'était donc une erreur! Ah! pour m'en assurer,
Devant tous ces garans oserez-vous jurer
Que ces bois, ces rochers, ces sables, ces rivages
N'offrent à vos regards que de vaines images;
Que vous les reverrez, que vous les revoyez,
Sans me donner les pleurs dont vos yeux sont noyés;
Sans que les souvenirs retracés par leur vue
Vous arrachent encor cette plainte imprévue,

Prémices des remords plus cruels chaque jour
Pour votre cœur parjure à son premier amour.

FÉLICIE.

Est-il bien vrai, Seigneur, que je lui sois parjure?
Oui, sans doute, à sa foi ce cœur a fait injure;
Oui, sans doute, il trahit le plus saint des sermens;
Mais par vous, mais pour vous, en ces tristes momens,
Où je sens mes soupirs aux vôtres se confondre;
Où j'ose vous entendre et même vous répondre.
Et puis-je vous cacher que ce cœur engagé,
Par d'horribles combats est encor partagé ?
Que si dans mon devoir j'ai dû chercher ma gloire,
Je vais, en pleurs de sang, expier ma victoire?
Qu'à cet affreux malheur mon amour est réduit,
Qu'il est à ce qu'il perd, bien plus qu'à ce qu'il suit?
Oui, cruel, à ce lieu, de vos fureurs complice,
Vous venez d'attacher mon éternel supplice.
Et le puis-je habiter sans regrets superflus?
Où puis-je l'éviter sans souffrir encor plus?
Mais, dût le désespoir dont je suis poursuivie,
Empoisonnant le cours de ma trop longue vie,
Plus âpre, plus cruel, renaître à chaque instant;
Il n'approcherait pas de celui qui m'attend,
Si jamais plus sensible à l'éclat qu'à l'estime,
Je tentais d'échapper au malheur par le crime;

Si , j'osais , aux dépens de l'honneur paternel ,
Acheter de vos dons l'opprobre solennel.
L'amour s'irrite en vain d'un devoir trop sévère ;
Je ne m'appartiens pas, j'appartiens à mon père :
J'appartiens à l'amant qui , maître de ma foi ,'
Tient de ma volonté les droits qu'il a sur moi.

D. PÈDRE.

Mais enfin vous m'aimez.

FÉLICIE.

Ah ! sur cette assurance
Gardez-vous de fonder la plus faible espérance.

D. PÈDRE.

J'y fonde tous mes droits.

FÉLICIE.

L'autel m'attend, j'y cours.

D. PÈDRE.

Je ne vous quitte plus.

FÉLICIE.

Quittons-nous pour toujours.

D. PÈDRE.

Pour toujours ! qu'as-tu dit, femme insensée ? arrête.
Que de malheurs sont prêts à fondre sur ta tête!

Frémis de l'avenir, inévitable, affreux,
Que ce funeste arrêt nous prépare à tous deux.
Pour toujours ! et tu crois que j'y pourrais souscrire ?
Que je perde cent fois la vie avec l'empire,
Avant qu'aux saints autels, tes vœux irrésolus
Aillent promettre un cœur qui ne t'appartient plus,
Qui m'appartient, cruelle ! Allons, si l'hyménée
Doit lui seul désormais régler ta destinée,
Suis-moi sans plus tarder: viens, c'est dans le saint lieu,
C'est devant l'Éternel.....

FÉLICIE.

Adieu, Seigneur, adieu.

D. PÈDRE.

Contre mes droits en vain tu cherches un refuge.

FÉLICIE.

J'en trouve un chez mon père et surtout chez mon juge;
J'en trouve un sous ce toît jusqu'ici respecté,
Ce toit de l'innocence et de la pauvreté.

(Elle entre dans la chaumière.)

SCÈNE IV.

D. PÈDRE (seul).

Je la laisse échapper ! et l'hymen que j'abhorre,
Ce lâche hymen.... Que dis-je ! il n'est pas sûr encore.

Obscur et faible auteur de mon trouble mortel,
On m'aime, et tu n'es pas aux marches de l'autel.
Léon, à la faveur est-il si peu sensible,
Est-il à la terreur si fort inaccessible,
Qu'on n'en puisse obtenir par espoir, par effroi,
Qu'il respecte et la flamme et les droits de son roi?
Qu'il désire et qu'il parle; honneurs, trésors, puissance,
D'un effort généreux voilà la récompense.
De ma reconnaissance il ne peut abuser.

(Il fait un geste menaçant.)

Mais s'il refuse !..... Eh quoi ! pourrait-il refuser?
D'un rival couronné braverait-il la rage ?
Courons chercher Léon, sans tarder davantage.
Il peut tout demander, s'il veut tout obtenir.
Il doit tout redouter.... J'entends quelqu'un venir.

SCÈNE V.

D. PÈDRE, LÉON.

D. PÈDRE.

Qui s'approche ?

LÉON.

Qui m'ose interroger ?

D. PÈDRE.

Ton maître.

LÉON.

Un soldat n'en a point. (16)

D. PÈDRE.

Je crois le reconnaître.

C'est la voix de Léon.

LÉON.

Qui m'a nommé?

D. PÈDRE.

Ton roi.

LÉON.

A cette heure, en ces lieux que peut-il chercher?

D. PÈDRE.

Toi.

Avec tranquilité, Léon, peux-tu m'entendre?

LÉON.

Sire, de mon respect pouvez-vous moins attendre?

D. PÈDRE.

J'attends tout de Léon. Léon a mérité
Que je compte à jamais sur sa fidélité.

LÉON.

Ma fidélité seule égale ma tendresse;
Et j'aime en Castillan mon prince et ma maîtresse.

D. PÈDRE.

Je veux aussi t'aimer. Ce que pour toi j'ai fait,
De ma faveur, Léon, n'est qu'un léger effet.

LÉON.

De votre faveur, Sire! ou de votre justice?

D. PÈDRE.

Qu'importe, si pour prix d'un noble sacrifice ,
Je t'accorde encor plus? Vois, dis ce que tu veux.

LÉON.

Rien , Seigneur.

D. PÈDRE.

Rien , Léon !

LÉON.

Ce jour comble mes vœux.
Grace aux premiers bienfaits, dont je vous remercie,
J'épouse ce que j'aime, et j'aime Félicie.

D. PÈDRE.

Et que répondrais-tu, si j'osais t'annoncer
Qu'à son hymen sur l'heure il te faut renoncer?
Que ton roi te l'ordonne, ou plutôt t'en conjure?

LÉON.

Sire, je répondrais que mon roi fait injure
A son honneur, autant qu'aux droits de son soldat;
Qu'aux déserts africains quand j'ai servi l'État ,
De la faveur d'un roi le fragile avantage
N'a pas été celui qu'enviait mon courage;

Et qu'enfin, l'amour seul peut me payer le prix
De trois ans de travaux par amour entrepris.

D. PÈDRE.

Un pareil sentiment n'est pas d'un cœur vulgaire.

LÉON.

Vous pouvez en juger par ce qu'il m'a fait faire.

D. PÈDRE.

J'en veux juger aussi par ce que tu feras.
S'il inspire ton cœur comme il conduit ton bras,
Sans doute il est sublime, et jusqu'au plus pénible,
Tout effort généreux lui doit être possible.

LÉON.

J'aime à le présumer.

D. PÈDRE.

Parlons donc sans détour.
Que peut à Félicie apporter ton amour?

LÉON.

Quelque gloire, peut-être.

D. PÈDRE.

Et beaucoup d'indigence.
Tandis qu'en écoutant la voix de la prudence,
Tandis qu'en renonçant à d'inutiles droits,
Tu feras le bonheur de trois cœurs à la fois.

LÉON.

Et quel est ce bonheur qui m'est promis sans elle?

D. PÈDRE.

Les plaisirs d'une cour où ma faveur t'appelle;
Mes trésors prodigués aussitôt que promis,
Qui te vont rendre égal à mes plus chers amis;
Les plus nobles emplois, dont ma reconnaissance
Veut augmenter pour toi l'éclat et l'importance;
Un crédit, un pouvoir, peut-être égal au mien.
Mais quoi! rien ne t'émeut, tu ne me réponds rien?
Léon, demande un trône, et rends-moi Félicie.

LÉON.

Je conçois qu'aujourd'hui mon sort vous fasse envie,
Mais du vôtre, Seigneur, pourrais-je être jaloux?
Félicie est à moi, si l'Espagne est à vous.

D. PÈDRE.

Félicie est à toi! Traître, peux-tu le dire,
Quand son cœur pour un autre, et palpite, et soupire!

LÉON.

Un autre aurait son cœur, quand j'obtiendrais sa foi?
Et cet autre, Seigneur, quel peut-il être?

D. PÈDRE.

Moi!

LÉON.

Vous !

D. PÈDRE.

A son âme en proie aux plus vives alarmes
J'ai surpris cet aveu plein d'horreur et de charmes.

LÉON.

Un aveu non moins doux de ma flamme est le prix;
Et cet aveu, Seigneur, je ne l'ai point surpris.
Félicie est à moi.

D. PÈDRE.

Erreur ou tyrannie,
Qui ferait son malheur et ton ignominie,
Si de droits usurpés l'usage rigoureux
N'était pas réprouvé par l'amour généreux,
Par l'honneur castillan à qui je te rappelle.

LÉON.

Mon cœur comme mon bras lui fut toujours fidèle.
A mon tour je l'invoque et je doute, Seigneur,
Qu'il souscrive au trafic repoussé par mon cœur.
Loin d'improuver mes droits, il doit vous faire entendre
Qu'un Castillan ne peut les céder ni les vendre ;
Et que si votre amour songe à les outrager,
Votre justice veille et va les protéger.

D. PÈDRE.

Moi ! je protegerais le rapt et l'insolence !

LÉON.

Adieu, Sire.

D. PÈDRE.

Où vas-tu ?

LÉON.

Pardonnez mon silence.

D. PÈDRE.

Reste et parle.

LÉON.

Adieu, Sire.

D. PÈDRE.

Imprudent ! insensé !
Crains de pousser à bout ce cœur trop offensé.
Ma fureur est au comble ainsi que ton délire.
Où vas-tu ?

LÉON.

Qui pourrait m'obliger à le dire ?

D. PÈDRE.

Méconnais-tu Don Pèdre ?

LÉON.

Il ne peut rien sur moi ;
Il n'est que mon rival, j'en appelle à mon roi.

D. PÈDRE.

Eh bien ! je parle au nom de mon pouvoir suprême.
Où vas-tu ?

LÉON (*froidement*).

Je vais, Sire, en face de Dieu même,
Faire valoir des droits par vous seul accusés,
Et voir si mes sermens y seront refusés ;
Si Félicie....

D. PÈDRE. (*la main sur son poignard.*)

Avant qu'elle me soit ravie,
Traître ! j'aurai perdu la couronne et la vie.
Frappe ou péris. L'hymen où tendent tes projets....

LÉON.

S'accomplira, Seigneur, dans un moment.

D. PÈDRE. (*le frappant.*)

Jamais.

LÉON.

Tu n'as plus de rival. Roi, que rien ne t'arrête.
Je meurs. Cours te saisir de ta noble conquête.
Mais tremble : en l'entraînant à l'autel qui m'attend,
Il te faudra marcher sur mon corps palpitant.

(*Il fait un effort, et va tomber sur la porte de la
chaumière.*)

D. PÈDRE.

Qu'a-t-il dit? qu'ai-je fait!

SCÈNE VI.

D. PÈDRE, DIÉGUE.

DIÉGUE *(accourant.)*

Vers ces lieux on s'avance....

D. PÈDRE *(égaré.)*

Vers ces lieux!

DIÉGUE.

Oui, Seigneur; si j'en crois l'apparence,
Nos amis, nos parens par Léon rassemblés....

D. PÈDRE.

Léon! toujours Léon!

DIÉGUE.

Mais, Seigneur, vous tremblez.

D. PÈDRE.

Moi! pourquoi!

DIÉGUE.

Dans ces lieux nous convient-il d'attendre?
Dieu! quel gémissement vient de se faire entendre?

Mon roi, quel est ce corps sur le seuil étendu?
Du sang !

D. PÈDRE.

Jamais mon bras n'en avait répandu.

DIÉGUE.

C'est celui de Léon ! Coupables l'un et l'autre,
Ce crime est mon secret aussi bien que le vôtre.
Fuyons.

D. PÈDRE.

Allons cacher loin du monde et du jour
Mon crime, mes remords, ma rage, mon amour.

Fin du quatrième Acte.

ACTE V.

Le théâtre représente le palais du Roi. Il est nuit. Des lampes éclairent la scène.

SCÈNE PREMIÈRE.

JUAN, UN VIEILLARD.

JUAN.

A cette heure, au palais quel intérêt t'appelle ?

LE VIEILLARD.

Mon ami, je t'apporte une triste nouvelle.

JUAN.

L'hymen de mes enfans n'est-il pas achevé ?

LE VIEILLARD.

Un malheur plus affreux encor t'est réservé.

JUAN.

Poursuis.

LE VIEILLARD.

Sais-tu souffrir?

JUAN.

Et quel homme à notre âge
N'a pas fait du malheur un long apprentissage?

LE VIEILLARD.

Ton fils... ton gendre.... ô Ciel! qui l'eût imaginé?
Léon....

JUAN.

Eh bien! Léon?

LE VIEILLARD.

Il est assassiné.

JUAN.

Assassiné! Comment? par qui?

LE VIEILLARD.

Depuis une heure
La nuit enveloppait ta paisible demeure,
Lorsque j'y conduisais nos amis rassemblés,
Témoins aux saints autels par toi-même appelés.
Bénissant tous le ciel propice à ta vieillesse,
Nous accourions joyeux de ta propre allégresse.

7

Le seuil était franchi, quand d'un pied chancelant
Je crois heurter, je heurte un cadavre sanglant.
On accourt à mes cris. O désespoir! ô crime!
L'épouse reconnait l'époux dans la victime.
A quel bras imputer ce forfait imprévu?
On n'a rien observé, rien entendu, rien vu;
Rien, que deux inconnus, qui, dans l'ombre et sans suite
A travers la forêt précipitaient leur fuite.
Pour s'armer, au hasard, d'un rustique instrument,
Les suivre et les atteindre, il suffit d'un moment.
L'un d'eux, grâce à la nuit, s'évade à notre approche;
L'autre, réfugié dans les flancs d'une roche,
En vain croit échapper à tes nombreux amis:
On l'entoure, on l'arrête.... on reconnaît ton fils.

JUAN.

Mon fils!

LE VIEILLARD.

     A la pitié la rage alors fait place;
On hésite, accablé du coup qui te menace.
Père et juge, en effet, quel supplice plus grand!
Chacun fait toutefois son devoir en pleurant...

JUAN.

Mon fils!... Oui, mon malheur a passé mon courage.
Mon fils! à cet excès il a porté la rage!
Le crois-tu?

LE VIEILLARD.

Je voudrais en douter. Mais pourquoi
Ce trouble, cette fuite, et ce muet effroi?
Il aimait peu Léon.

JUAN.

Avec impatience,
De son sang et du mien il voyait l'alliance.
Il l'eût voulu briser, je le sais; mais, hélas!
On combat à son âge; on n'assassine pas.
Ah! que dis-je? la loi n'en est pas moins sévère.

SCÈNE II.

JUAN, LE VIEILLARD, DIÉGUE, LABOUREURS ARMÉS.

LE VIEILLARD.

Le voici.

JUAN.

Malheureux! qu'est devenu ton frère?

DIÉGUE.

Je n'en ai jamais eu.

JUAN.

Jamais, Diégue? Eh quoi!
Le fils que j'adoptai n'en est pas un pour toi?
Qu'est devenu Léon?

DIÉGUE.

Daignez vous faire instruire
Par ceux qui devant vous ont osé me conduire.

JUAN.

Ce vieillard a parlé : s'il dit la vérité,
Malheur à moi! malheur à ma postérité!

DIÉGUE.

Qu'a-t-il dit ?

LE VIEILLARD.

Que Léon est mort. Plus d'un indice
Te font de ce forfait l'auteur... ou le complice.

DIÉGUE.

Je n'en suis pas l'auteur.

JUAN.

Mon fils, tu ne l'es pas?

LE VIEILLARD.

C'est donc cet inconnu qui fuyait sur tes pas?

JUAN.

Réponds : en sa faveur quel intérêt t'anime?
On devient criminel à protéger le crime.
Un étranger peut-il l'emporter en ton cœur
Sur l'honneur de ton père et sur ton propre honneur?

DIÉGUE.

Par pitié.....

JUAN.

Par pitié termine mes alarmes :
Pour la première fois tu vois couler mes larmes.
Accorde-moi ta grace et la mienne.

(Il se jette à genoux.)

DIÉGUE,

Grands Dieux !

JUAN.

Mon fils... Diégue !... Eh quoi ! tu détournes les yeux.

(Il se relève.)

Tu n'entends pas ton père. Entendras-tu ton juge ?
Sais-tu bien que la loi ne t'offre aucun refuge ?
Que le sang veut du sang ? qu'aux yeux du magistrat
Tu demeures chargé du plus lâche attentat,
Si par la vérité détruisant l'apparence ,
Tu n'éteins le soupçon qu'entretient ton silence ?
Nomme le fugitif à nos mains échappé.

DIÉGUE,

Dans le sang de Léon mon bras n'a pas trempé.
N'en demandez pas plus : en vain mon juge espère
M'arracher un secret que je tais à mon père.

JUAN.

J'admire ton courage, et je veux l'imiter.
Dans mon devoir aussi je saurai persister.
Mon cœur s'affaiblissait, mais le tien le ranime.
Devrais-je à la vertu moins qu'on accorde au crime?
Que la nature expire en ce cœur paternel.
Je ne suis plus qu'un juge et toi qu'un criminel.

(aux gardes.)

Qu'on l'entraîne.

SCÈNE III.

JUAN, LE VIEILLARD, DIÉGUE, D. PÈDRE, D. ALPHONSE.

D. PÈDRE.

Arrêtez.

JUAN *(aux gardes.)*

Faut-il vous le redire?

D. PÈDRE.

Cet homme est innocent.

JUAN.

D'où le savez-vous, Sire?
Et comment de son cœur avez-vous arraché
Un secret qu'à son père il tient encor caché?

D. PÉDRE.

Cet homme est innocent.

JUAN.

Alors, pourquoi me taire
D'un innocent effroi la cause involontaire?
Pourquoi taire surtout le nom de l'étranger
Qui partageait sa crainte et non pas son danger,
Lorsque ces laboureurs unis à sa poursuite
Au milieu de la nuit ont arrêté sa fuite?
Vous a-t-il expliqué quel intérêt pressant.....

D. PÉDRE.

Je le répète encor, cet homme est innocent.

JUAN.

Vous le répétez, Sire! une telle assurance
Doit, sans doute, affaiblir la plus forte apparence.
J'en ai trop cru peut-être une prévention.
Le soupçon doit céder à la conviction.
Mon fils est innocent! quel doute affreux m'accable?
Mon fils est innocent! quel est donc le coupable?
Ah! Sire, quel qu'il soit, sachez que l'assassin
Croit en vain son secret enfermé dans son sein:
Un confident pareil n'est pas toujours fidèle:
Le front peut révéler ce que le cœur récèle;

Et souvent un seul mot, à son calme imposteur
Fait soudain succéder le trouble accusateur.
Sur mon fils, cependant, je ne puis rien résoudre.
Pour le condamner, Sire, et surtout pour l'absoudre,
A mon incertitude accordez un moment.
Nous avons pris tous deux un grand engagement :
Remplissons-le tous deux. L'État qui nous contemple
De notre équité, Sire, attend un grand exemple.
Sachons le lui donner : montrons-nous, vous et moi,
L'un digne d'être juge et l'autre d'être roi.
J'oserai, s'il le faut, prononcer la sentence :
Osez la confirmer. *(Il sort avec les laboureurs et son fils.)*

SCÈNE IV.

D. PÈDRE, D. ALPHONSE.

D. PÈDRE.

Grand Dieu! quelle existence!
Je ne puis sans pâlir rencontrer un regard :
Chaque mot que j'entends est un coup de poignard,
Plus profond, plus tranchant pour ce cœur misérable
Que le coup meurtrier qui m'a rendu coupable!
Tout est juge pour moi; pour moi tout est bourreau.
Un meurtre, Alphonse, un meurtre, est un pesant fardeau!

D. ALPHONSE.

Que vous m'épouvantez par ce désordre extrême !
Je vous vois prêt sans cesse à vous trahir vous-même,
A révéler au jour, par d'imprudens transports,
Un malheur qu'on prendrait pour crime, à vos remords.
La plus profonde nuit le couvre de son ombre ;
Mais s'il demeure écrit sur ce front pâle et sombre ;
Si dans tous vos discours il vient se retracer.....

D. PÈDRE.

C'est de mon cœur d'abord qu'il faudrait l'effacer ;
Puissé-je l'oublier à force de le taire !
Mais quoi ! puis-je à Juan cacher ce noir mystère,
Sans vouloir qu'à son fils son atroce équité
Inflige un châtiment par moi seul mérité ?
Non, c'est assez d'un crime !

D. ALPHONSE.

                    Et quoique Juan fasse,
Ne prononcez-vous pas la sentence ou la grâce ?
D'un seul mot, dérobez l'innocence au couteau ;
De vos droits souverains c'est le droit le plus beau.

D. PÈDRE.

Je puis même arracher le coupable au supplice :
Je le sais ; mais la grâce, ami, n'est pas justice. (17)

C'est être accusateur, et toujours meurtrier,
Que sauver l'innocent sans le justifier.

D. ALPHONSE.

Et sans vous accuser pouvez-vous l'entreprendre?
A Félicie alors cessez donc de prétendre;
Et résolvez-vous, Sire, à la voir dès ce jour,
Par sa constante horreur répondre à votre amour.

D. PÈDRE.

Dieux! voilà donc le prix de tant de sacrifices!
N'ai-je de toutes parts que le choix des supplices?
Mais que vois-je? elle-même!

SCÈNE V.

D. PÈDRE, D. ALPHONSE, FÉLICIE (dans le
plus grand trouble).

FÉLICIE.

   Ah! Don Pèdre! ah! mon Roi!
J'expire à vos genoux de douleur et d'effroi.
Mes malheurs sont affreux; mais ceux que je déplore
En appellent sur moi de plus affreux encore.
Léon vient d'expirer: d'un pas faible et tremblant,
J'ai suivi jusqu'ici son cadavre sanglant.

D. PÈDRE.

Quoi! jusqu'ici?

FÉLICIE.

Justice! ai-je dit à mon père;
Le sang d'un citoyen vient d'abreuver la terre.
Léon fut votre fils et serait mon époux.
Vengez les lois, vengez et votre fille et vous.
Insensée! ah! savais-je en mon sort déplorable,
Que je perdais mon frère, en perdant le coupable?
*(Elle se précipite vers le fond du théâtre, et ouvre
une fenêtre.)*
Voyez, voyez: bourreaux, échafaud, tout est prêt.
Oui, j'ai sollicité le plus horrible arrêt
Qui soit jamais sorti de la bouche d'un juge,
Si pour mon frère, en vous, je ne trouve un refuge.
Je ne sais, ni ne cherche en ce danger pressant,
Si ce frère est coupable, ou s'il est innocent;
Mais s'il meurt, je meurs, Sire! Oui, si votre clémence
Ne révoque à l'instant la fatale sentence,
A votre magistrat vous pouvez déclarer
Qu'il a dès ce moment deux enfans à pleurer.

D. PÉDRE.

Vous mourir! ah plutôt mourir cent fois moi-même!
Ne savez-vous donc pas à quel point je vous aime?

SCÈNE VI.

D. PÈDRE, D. ALPHONSE, FÉLICIE, JUAN, DIÉGUE.

JUAN.

Sire! voici l'arrêt.

D. PÈDRE.

Malheureux laboureur!
Cesse de te complaire en ta funeste erreur.
Tu condamnes ton fils.

JUAN.

Je condamne un coupable.

D. PÈDRE.

Non, je ne rendrai pas ton crime irréparable.
Je donne pour limite aux droits de l'équité
Celle de la nature et de l'humanité;
Et ne permettrai pas qu'horriblement sublime,
Un acte de vertu soit plus cruel qu'un crime.

JUAN.

A remplir mon devoir j'ai su me résigner.
Imitez-moi, Seigneur; osez lire et signer.

FÉLICIE.

O ciel! un magistrat n'a donc pas de famille!

JUAN.

Le crime serait-il protégé par ma fille !

D. PÈDRE. *(lisant.)*

Ne m'abusé-je point? et mon œil ébloui....
Quel nom porte l'arrêt? Juan, c'est le mien?...

JUAN.

Oui.

Si je me trompe ici, mon erreur est un crime;
De ma témérité je dois être victime.
C'est à vous d'en juger. Envisagez-moi bien,
Seigneur, et prononcez votre arrêt ou le mien.

D. PÈDRE.

Dis-moi donc quelle force, à ta faiblesse unie,
Sans cesse à ton génie asservit mon génie,
Me contraint à trahir mes plus chers intérêts,
Et du fond de mon cœur fait jaillir mes secrets?
Te faut-il d'autre aveu que l'horreur qui m'accable?
Eh bien! c'est moi, Juan, moi, qui suis le coupable.
Toi qui m'as deviné, n'as-tu pas dû prévoir
A quoi tu réduisais ce cœur au désespoir?
Ce cœur dans ses transports si terrible et si tendre!

JUAN.

A se justifier oserait-il prétendre!

Votre amour!.... le pourrais-je approuver à présent?
L'ai-je approuvé tantôt? vous étiez innocent.

D. PÈDRE.

Cruel! à tout espoir faut-il que je renonce!
Mais quoi, ta fille est libre.

JUAN.

> Eh bien, qu'elle prononce.

FÉLICIE.

O Ciel! qu'exigez-vous? malheureuse!

JUAN.

> Pourquoi

Crains-tu de prononcer entre cet homme et moi?
Interroge ton cœur, et fais ce qu'il t'inspire.
Aux vœux d'un meurtrier s'il peut jamais souscrire;
S'il dit que tôt ou tard tu peux tendre ta main
A cette main fumante encor de sang humain,
Abrège les instans, et rends cette journée
Exécrable à jamais par ton double hyménée.
Époux, voici l'autel où, pour mieux vous punir,
Ma malédiction est prête à vous unir.
(Le fond du théâtre s'ouvre, et laisse voir le cadavre
de Léon.)

D. PÈDRE.

Ah! grands Dieux!

JUAN.

Jusqu'au bout j'ai fait au moins justice ;
Vous tenez votre arrêt , voilà votre supplice.

D. PÈDRE.

Pitié ! pitié !

JUAN.

Seigneur , mes devoirs sont remplis ;
Je vous rends le pouvoir que vous m'avez commis.
Mes enfans, pourriez-vous hésiter à me suivre?

FÉLICIE.

Ah ! que de tant d'horreurs le trépas me délivre !

JUAN.

Non, mais dans nos forêts courons cacher nos pleurs.
Ma fille, le remords ne suit pas nos malheurs ;
La paix sous notre toît peut encor redescendre.
(Au Roi)
Mais vous, en ce palais, qui pourra vous la rendre?
De vos égaremens quels effroyables fruits !
Par votre crime, hélas! que de crimes produits !
Déjà plus d'un pervers de qui l'œil vous contemple,
Pour outrager vos lois, s'arme de votre exemple.
O Roi! je pleure un fils que m'ont ravi vos coups ;
Mais je pleure encor plus sur l'Espagne et sur vous.
(Ils sortent.)

D. PÈDRE.

Il fuit ; il me repousse au fond du précipice.
La vertu n'a donc pas l'indulgence du vice !
Malheur à la vertu qui m'abandonne à moi.
Je ne suis qu'un tyran ! je voulais être roi. (18)

FIN DU ROI ET LE LABOUREUR.

NOTES et REMARQUES

pour la Tragédie du Roi et le Laboureur.

———

(1) *Le Roi et le Laboureur.*

Quelques critiques ont prétendu que ce titre convenait moins à une tragédie qu'à un apologue. Ainsi un auteur tragique n'aurait pas le droit d'ajouter au nom de son héros un titre moral qui indiquât plus particulièrement le caractère du sujet qu'il traite ou le but qu'il se propose; ainsi *Voltaire* aurait eu tort de donner à son *Alzire* pour second titre les *Américains*, et à *Mahomet*, le *Fanatisme*; titres dont l'un peut convenir à une nouvelle et l'autre à un traité de morale, tout aussi bien qu'à un drame? Loin d'être de cet avis, nous pensons que notre auteur n'a pas eu tort de joindre au titre très-vague *Don Pèdre*, un second titre, qui prévient les spectateurs ou les lecteurs de l'innovation par laquelle il rapproche, dans cette tragédie, des héros de conditions si opposées.

(2) *Famosa comedia.*

Les Espagnols donnaient autrefois assez facilement ce titre emphatique aux ouvrages qu'ils imprimaient ou représentaient. Le *Cid* de *Guilain de Castro* est appelé aussi *famosa Comedia*. Cela ne tire pas plus à conséquence que les propos d'un marchand qui vante ce qu'il débite.

Il était assez d'usage encore de présenter *la famosa comedia* comme l'ouvrage d'un bel esprit de la cour, *de un ingenio de esta corte*, ce qui était vrai quelquefois. *Lopez de Vega*, et *Calderone* ont été attachés à des ministres. On attribue même plusieurs anciens drames, et *Juan Paschal* paraît être de ce nombre, à un roi de la famille de Charles-Quint.

(3) La fable du *Paysan du Danube*.

Le discours que *La Fontaine* met dans la bouche de cet homme à demi-sauvage, porte tout entier sur des objets de gouvernement. Rien de plus naturel. L'intérêt lui a fait sentir tous les vices d'un système dont il est victime. Un sens droit suffit à l'intelligence de ces matières; et l'expérience vaut bien l'étude pour enseigner à en raisonner.

(4) Du tems qu'il fut Alcade on observa les lois.

Les Alcades étaient des juges. Il y en avait dans les campagnes comme dans les villes. Il n'est pas étonnant que l'exercice de cette magistrature ait donné à Juan des idées positives de justice, et même quelque connaissance des lois. Un maire de village les connaît aujourd'hui sans y avoir été autrement initié que par ses fonctions.

(5) Ne tend qu'à détourner ses pas encor novices,
Également voisins des vertus et des vices.

Ces vers énoncent l'espèce de problême moral dont le dénoûment du drame doit offrir la solution.

Différent de Néron qui, vicieux par penchant, se montra d'abord vertueux par dissimulation, D. Pèdre, né avec des passions violentes, est entre le bien et le mal, pour lesquels il a une égale propension. Les hommes dont ce jeune prince est entouré influeront sur ses premières actions, et ces actions, sur le reste de sa vie.

D. Pèdre est ici comme *l'Ercole in bivio* de Métastase, entre le vice et la vertu.

(5) Ah! dès qu'un seul sujet réclame en vain la loi,
L'impunité du crime est le crime du roi !

Cette maxime est de toute vérité. Les agens du pouvoir seraient moins hardis, si les chefs des gouvernemens se disaient bien que l'impunité de tout agent du pouvoir accuse doublement celui dont

Santeuil, dans une pareille intention, n'hésite pas à dire *virgo sacerdos,* vierge-prêtre. Le peuple hongrois, dans un élan sublime, jure de mourir pour Marie - Thérèse son roi : *Moriamur pro rege nostro Maria-Theresia.* Ils n'ont pas fait de solécisme ; et l'auteur de *D. Pèdre* n'en a pas fait un non plus.

(13) Qu'un roi rencontre en moi sa femme ou sa maîtresse.

Cette réponse, attribuée à plusieurs femmes célèbres, fut réellement faite à D. Pèdre. Voyez l'histoire d'Espagne par le P. *d'Orléans.*

(14) A Grenade, à Murcie, on vit plus d'une fois,
     La beauté sans ayeux s'asseoir auprès des rois.

Les Mahométans n'attachent pas aux alliances par mariage, la même importance que nous. Ils ne considèrent dans la femme que les qualités qui lui sont propres ; sa beauté, quand ils la choisissent, sa fécondité, quand ils la possèdent. Cette dernière qualité seule élève au rang de sultane l'esclave devenue mère. Dès-lors, elle n'a plus d'autre caractère que celui d'épouse du prince, que celui de mère de l'héritier du trône. On ne voit en elle que ce qu'elle est, sans songer à ce qu'elle a pu être. Il y a quelque chose de grand dans le sentiment, par lequel un souverain se fait ainsi source d'une noblesse qu'aucune relation ne saurait altérer ou augmenter.

(15) Désormais citoyenne, ah! sois mère à ton tour.

Cette dénomination si noble, qu'on avait avilie en la prostituant, reprend sa valeur à mesure que les idées se rectifient. Le titre de *citoyen* n'est véritablement dû qu'aux membres de la société, qui remplissent leurs devoirs vis-à-vis d'elle.

Voltaire était loin de regarder cette qualification comme incompatible avec la dignité tragique. Il avait pour cela une trop grande idée des obligations qu'elle impose. C'est le terme dont Zamti se sert pour faire sentir à Idamé l'étendue des sacrifices que l'État est en droit d'attendre d'elle.

> — *Que j'immole mon fils! — Telle est notre misère.*
> *Vous êtes citoyenne avant que d'être mère.*

L'Orphelin de la Chine. act. 2 scène 3.

(16)　　　　　　　**Ton maître.**
— Un soldat n'en a pas.

Un citoyen n'en a pas non plus; il est soumis aux lois, comme le soldat est soumis à la discipline; et les officiers ainsi que les magistrats ne sont dans leurs fonctions que les organes de la volonté générale. Là où l'homme libre a un maître, il y a despotisme. Ceci ne s'applique pas, comme de raison, aux hommes, nobles ou non, qui se mettent volontairement en état de domesticité, et se soumettent aux caprices de celui dont ils reçoivent les gages. Ils font exception; ces gens-là ont un maître. Le reste de la nation n'a qu'un roi.

(17) Mais la grâce, ami, n'est pas justice.

C'est un singulier droit que le droit de grâce attribué, même dans les monarchies tempérées, au chef du pouvoir exécutif. Ce chef ne peut pas condamner, et cependant il paralise l'effet d'une condamnation; il ne peut pas exercer le pouvoir judiciaire, et cependant il en arrête l'action. Cela est bon néanmoins, puisque les réformateurs l'ont reconnu, même en établissant le jury. En effet, il y a des cas où le discernement du jury n'a pas pu sauver, dans le coupable, un malheureux envers lequel la rigoureuse application de la loi serait injuste, et auquel les juges n'ont pas pu ne pas faire application de cette loi. L'intervention d'une autorité à laquelle appartienne le droit de remettre ou de commuer la peine, est sans doute d'intérêt public en pareil cas. C'est un supplément de justice, devenu d'autant plus nécessaire dans notre nouvelle législation, qu'elle se prête moins que l'ancienne à l'arbitraire. Aussi est-ce moins sur le droit de grâce, que sur la manière dont ce droit s'exerce, que portent nos observations.

Il nous semble que c'est du pouvoir dont la loi émane, que la faculté de modifier l'exécution de la loi aurait dû émaner. D'après ce principe, le droit de grâce serait toujours exercé par le pouvoir exécutif, mais il n'en userait que d'après la résolution d'un conseil permanent, formé de ses agens et de délégués des deux fractions du corps législatif, nommés tous en nombre égal. Ainsi les actes qui modifieraient une volonté législative, seraient encore une volonté législative; ainsi le droit de grâce serait vraiment exercé dans les intérêts de l'État ; ainsi la responsabilité des ministres, en supposant qu'elle soit jamais déterminée, ne pourrait pas devenir une institution dérisoire.

Nous livrons ces rêveries aux méditations des législateurs, là où il y en a.

(18) Malheur à la vertu qui m'abandonne à moi !
Je ne suis qu'un tyran; je voulais être roi.

Les malheurs de tout un règne n'ont souvent pas eu d'autre principe. Tel roi dont on a trop tôt désespéré, n'est devenu un tyran que par la faute des gens honnêtes. Doublant par leur retraite la force des hommes pervers, ils ne sont pas moins coupables envers la société, que ces soldats qui désespèrent de la victoire sur un premier échec et cèdent le champ de bataille à l'ennemi, au lieu de s'obstiner à le lui disputer.

Sénèque, que nous sommes loin de vouloir excuser en tout, puisqu'il a eu la faiblesse de chercher à justifier des atrocités qu'il n'a pas pu empêcher, *Sénèque* est digne de louange pour l'opiniâtreté qu'il mit à rester auprès de Néron. Il y balança souvent l'ascendant d'Anicet et de Tigellin. Au témoignage de *Tacite*, ce philosophe avait fait plus souvent entendre le langage de la vérité que celui de la flatterie au tyran, *qui sæpius libertatem Senecæ, quam servitium expertus esset*. Néron l'en récompensa par l'ordre de mourir ; et c'est en cela seulement qu'il se montra bienfaisant envers son instituteur, qui lui avait sacrifié jusqu'à sa propre réputation et que cette sentence de mort pouvait seule réhabiliter.

LES GENS

A DEUX VISAGES,

OU

LE RETOUR DE TRAJAN,

COMÉDIE

EN DEUX ACTES ET EN VERS LIBRES.

Domestica facta (1).

Horat. *Epist.* ad *Pison.*

AVERTISSEMENT.

Cette comédie fut composée en 1805, sur l'invitation
d'un ministre non moins recommandable par la justesse de
son esprit, que par la modération de ses principes. Il aurait désiré que dans les fêtes qui devaient avoir lieu à
l'occasion de la paix de Presbourg, le théâtre français
représentât un ouvrage relatif aux événemens à jamais mémorables d'une campagne commencée par la prise d'Ulm,
et terminée par la victoire d'Austerlitz.

Rien de plus ingrat qu'un pareil travail.

Mr *Arnault* crut néanmoins possible d'échapper aux
inconvéniens du genre, s'il suivait une méthode diffé-
rente de celle que l'on suit communément en pareil cas; s'il
alliait la philosophie à la plaisanterie, la satire à l'éloge, et
si d'une pièce de circonstance il faisait un tableau de mœurs.

Il en trouva le moyen, en transportant sur le théâtre
des scènes qui tout récemment s'étaient passées sous ses
yeux, et se renouvelleront toutes les fois que le prince
mettra sa fortune dans une situation douteuse.

Douze ou quinze jours de silence succédèrent au bruit
dont Paris avait retenti depuis l'ouverture de la campagne
jusqu'à la prise de Vienne. Lorsque les événemens se préparent, les narrations se taisent, mais c'est pour faire
place aux conjectures. Jamais les conjectures n'ont été plus
multipliées et plus contradictoires que pendant le tems où
l'armée française allait chercher en Moravie l'armée autri-
chienne, réunie à l'armée russe. L'esprit impatient et inquiet du Parisien ne fut pas longtems à conclure de ce
qu'on n'annonçait rien, qu'on n'avait rien de bon à annoncer. Les nouvelles les plus alarmantes circulèrent; et l'état
de doute ayant assez duré pour laisser à plus d'un courtisan le loisir de craindre, on les vit trahir, par leurs calculs,
leurs véritables sentimens.

Ce qui s'est effectué quelques années plus tard, se pré-
parait déjà dans le palais même, quand arriva la nouvelle
de la victoire. Ces hommes changèrent de visage aussi
promptement que la Fortune ; on ne vit plus à la cour que
des serviteurs dévoués, et à la ville que des panégyristes.
Par l'exagération des éloges et des protestations dont ils
importunaient le vainqueur, les uns et les autres cherchaient
à cacher le secret de leur défection, et le révélaient par
cela même.

Ces subites conversions, ces contradictions si rappro-
chées, étaient assez piquantes à retracer, pour le poëte
qui les avait observées: aussi est-ce d'après cette étude
qu'il composa *les gens à deux visages.*

Cette petite pièce, qu'on pourrait intituler aussi *Satire
et Adulation*, se divise en deux actes. Dans le second, le
prince victorieux trouve ses flatteurs les plus serviles dans
les hommes qui, au premier, se sont montrés ses plus
insolens détracteurs. Les scènes où ces honnêtes gens
proposent à l'empereur les projets qu'ils ont conçus pour
sa plus grande gloire, ne sont pas tout-à-fait d'imagination.

On remarquera sans doute que l'auteur s'est étudié à
venger la fin du 18me siècle des calomnies dont certains
folliculaires l'accablent. Les traits de ressemblance qui
se trouvent entre plusieurs grands hommes de cette époque, et les hommes les plus célèbres du siècle de
Trajan, lui en fournirent l'occasion.

Cette comédie n'a pas été jouée. Le ministre, d'après
le désir duquel elle avait été composée, ayant dit, tout
en l'applaudissant : *j'y trouve autant de conseils que d'éloges* ; satisfait de ce suffrage, l'auteur crut devoir attendre
qu'on l'invitât d'une manière expresse à la publier : elle sort
aujourd'hui de son portefeuille, pour la première fois.

ÉPITRE DÉDICATOIRE.

à

Monsieur DE JOUY, *de l'académie française* (2).

Agréez, mon ami, la dédicace de cette petite comédie; c'est un tableau de mœurs. Vous l'offrir à vous, qui les retracez de main de maître, c'est mettre une ébauche en parallèle avec des chefs-d'œuvre; c'est vous donner l'occasion de peindre un ridicule de plus. N'importe; l'intérêt de l'amour-propre doit le céder ici à celui de l'amitié.

Pourquoi différerais-je plus longtems à vous en donner un témoignage public? Qui m'empécherait de me vanter de l'affection que je vous porte, quand vous avouez celle que vous me gardez? Être, à ce sujet, plus discret que vous-même, ce ne serait plus être prudent; ce serait seulement calomnier l'époque.

Le malheur dont je suis frappé n'est ré-

puté contagion que par les faibles ; ils fuient le malade ; mais les forts lui prennent la main ; et quelquefois, en le touchant, ils le guérissent.

Adieu, mon ami ; c'est d'esprit comme de cœur que je vous aime.

ARNAULT.

De ma retraite, le 4 Mars 1818.

PERSONNAGES.

TRAJAN.
PLAUTINE, son épouse.
PLINE-LE-JEUNE, sénateur.
MARCUS, intendant de la maison de Trajan.
DAVE, esclave de Plautine.
FOLLICULUS.
REPTICULUS.
VERMICULUS.
UN COURRIER.
SÉNATEURS.
PEUPLE ROMAIN.
SOLDATS ROMAINS.
AMBASSADEURS DES DACES.

La scène est à Rome.

LES GENS

A DEUX VISAGES,

OU

LE RETOUR DE TRAJAN.

COMÉDIE.

ACTE PREMIER.

La scène est au pied du Capitole.

SCÈNE PREMIÈRE.

PLAUTINE, PLINE ; *suite de Plautine dans le fond.*

PLAUTINE.

Oui, Pline, pour mon cœur ce supplice est trop rude ;
Votre éloquence en vain s'épuise à m'exhorter.
Mon courage est à bout : je ne puis supporter
Une plus longue incertitude.

3.

C'en est fait. Dans ce cœur l'espoir n'a plus d'accès.
Trajan ! (3) que devient-il ? après tant de succès
  Qu'une heureuse paix devait suivre,
A-t-il vu ses lauriers se changer en cyprès ?
Au plus affreux désastre a-t-il craint de survivre ?
Trajan ! pourquoi ce bruit, que la malignité
Reproduit sans relâche en cette ville immense,
  Est-il encore accrédité
  Par ma tristesse et ton silence ?

PLINE.

Il est trop vrai ; vos yeux de chagrins obscurcis,
  Vos yeux de pleurs encore humides,
N'accréditent que trop tous ces discours perfides
  Qu'un sourire aurait démentis.
L'épouse de Trajan doit savoir se contraindre.
Ce calme qui vous fuit devrait au moins se peindre
Sur ce front, où chacun, dans son anxiété,
  Vient lire avec avidité,
  Ce qu'il doit espérer ou craindre.
Ah ! plutôt exprimez le bonheur sans le feindre,
  En songeant à la vérité.
Pour l'Empire, en effet, quelle époque plus belle ?
  Depuis le premier des Césars,
La victoire jamais fut-elle aussi fidèle
  A nos glorieux étendarts ?

(131)

Ces peuples qui semblaient se faire un jeu d'enfreindre
Les traités consentis par eux et par leurs rois,
N'ont-ils pas expié ce crime autant de fois

    Que nous avons pu les atteindre ?
Un héros venge Rome ; un héros l'aggrandit :
Mais ennemi sans haine, et vainqueur sans colère,
S'il croit la pitié même un devoir de la guerre ;

    Si l'humanité l'applaudit
Même dans le moment qu'il fait trembler la terre ;
Courageux et clément, il n'est pas téméraire.
Quel espoir aux vaincus peut-il encor rester ?

    Où sont leurs ressources dernières ?

    Quand leurs phalanges prisonnières
Couvrent déjà nos champs qu'ils n'ont pu dévaster ?
Implorant aujourd'hui la clémence de Rome,
Leur prince fugitif, en ses propres états, (4)
Méditerait en vain de nouveaux attentats.
Le désespoir d'un roi sans sujets, sans soldats,

    Ne serait que celui d'un homme.

PLAUTINE.

    Ce prince ne peut rien par lui,
Pline ; mais s'il est vrai qu'un monarque sarmate,

    Se soit déclaré son appui,

    Puis-je partager aujourd'hui

    La sécurité qui vous flatte ?
Vous le savez, du sein des éternels frimats,

Sous qui languit chez eux la nature asservie,
Souvent les fils du Nord tournent avec envie
    Leurs regards vers nos doux climats.
Bien plus; peuvent-ils voir sans terreur et sans haine
L'immense accroissement de la grandeur romaine;
Et ne pas redouter que, jusqu'en leurs déserts,
    La noble ardeur qui nous inspire,
N'aille porter un jour les bornes de l'Empire
    Près des bornes de l'univers?
    Enfin malgré la foi jurée,
    Tout barbare est prompt à changer;
    Tout vaincu prêt à se venger,
    S'il croit la victoire assurée.
Ah! si pour échapper à leur commun danger,
Des peuples menacés la ligue hyperborée
A surpris, en effet, notre armée égarée
Dans les vastes forêts qui couvrent leur contrée;
Dans ce dédale immense, affreux pour l'étranger,
Des plus fameux guerriers si l'immortel émule,
Par le nombre accablé sur ces bords inconnus,
    Avait fini comme Varus
    Ayant commencé comme Jule....
Ah! mon ami, je sens ma raison défaillir
    A cette effroyable pensée;
Je la repousse en vain de mon âme insensée:
    Partout elle vient m'assaillir.

Nul ne peut éprouver la douleur que j'éprouve.
Mais la conviction de nos affreux revers,
Dans les regards des bons, sur le front des pervers,
Comme en mon cœur, je la retrouve.

PLINE.

Ah! fuyez dans votre palais
Ces affligeans tableaux des publiques alarmes.

PLAUTINE.

En quels lieux, des méchans puis-je éviter les traits?
Voyez l'écrit affreux qui fait couler mes larmes.
Avec plus de fureur et de malignité,
Jamais l'impitoyable envie
A-t-elle d'un grand homme osé noircir la vie?

PLINE.

Sa rage se mesure à la célébrité
Du mérite qui la fait naître.

PLAUTINE.

Oui, mais elle attend pour paraître
L'instant où l'on peut nuire avec sécurité.
Aurait-elle aujourd'hui tant de témérité
Si le malheur dont vous doutez encore,
Si le malheur que je déplore,
Ne lui répondait pas de son impunité?

PLINE.

Ces esprits malheureux que tout mérite offense,
Dans les fougueux transports dont ils sont agités
N'écoutent pas toujours les lois de la prudence.
Celui-ci pourrait bien, en cette circonstance,
Avoir pris ses désirs pour des réalités.
Du pauvre homme, entre nous, c'est assez la coutume.

PLAUTINE.

Quoi ! vous sauriez de quelle main......

PLINE.

Je crois le reconnaître, au fiel qui le consume,
Pour ce Folliculus, le plus âpre écrivain (5)
A qui, depuis Zoïle, et la soif et la faim
        Aient jamais fait prendre la plume.
        C'était le plus obscur rhéteur
        Qui, peut-être, ait bu l'eau du Tibre.
Si pourtant il en boit, avant qu'en vil flatteur,
Il eût d'un mauvais prince obtenu la faveur.
De votre époux, depuis, il s'est fait détracteur,
Pour prouver qu'il agit et parle en homme libre.
Quoique les délateurs aient perdu leur appui,
Devait-il abjurer l'art de la calomnie ?
        Non, sans doute ; et de compagnie
Avec d'honnêtes gens qui prennent, comme lui,

L'impudence pour du génie,
Livré plus que jamais à sa noble manie,
Il parle sur les mœurs, sur le goût, sur les lois.
Tel que certains oiseaux fameux par leurs augures , (6)
Pour tout gâter, sur tout portant ses mains impures,
Régentant les sujets, les auteurs et les rois,
Pour le sceptre du monde il a pris sa férule;

    Il en donne à tous sur les doigts;

    Et serait dangereux parfois,

    S'il n'était toujours ridicule.

PLAUTINE.

Un tel homme et de tels écrits,
J'en conviens avec vous, n'ont droit qu'à nos mépris.
Vérifiez le fait : allez , et moi, cher Pline,

    Je retourne au pied des autels

    Au plus puissant des immortels

Présenter et les vœux et les pleurs de Plautine.
(Ils sortent par des côtés opposés.)

SCÈNE II.

FOLLICULUS, DAVE.

FOLLICULUS *sort de la coulisse au moment où la suite
de* PLAUTINE *quitte la scène, et il arrête* DAVE *qui est
un des derniers. (D'un ton très-humble.)*

Seigneur Dave, bon jour.

DAVE *(avec humeur.)*

Folliculus, bon soir.

FOLLICULUS.

Un petit mot.

DAVE.

Plait-il?

FOLLICULUS.

Ne pourrait-on savoir
Si vous avez quelques nouvelles?

DAVE.

Hélas!

FOLLICULUS.

Encor parlez, Seigneur, que disent-elles?

DAVE.

Voyez l'impératrice! elle est au désespoir.
C'est vous en dire assez.

FOLLICULUS.

Quoi la déroute.....

DAVE.

Est sûre.

FOLLICULUS.

Vous l'avais-je dit, entre nous?

DAVE.

Je ne connais pas, je vous jure,
Un oiseau de mauvais augure
Qu'on doive en croire plus que vous.

FOLLICULUS.

Malgré moi je prédis lorsque je conjecture.
Je me trompe rarement.

DAVE.

Il faut le dire à la gloire
De votre discernement,
De ce triste événement
Mille gens, d'après vous, semblent conter l'histoire.
Repticulus de vous en tient-il le récit?

FOLLICULUS.

Nullement.

DAVE.

Il le fait dans les mêmes paroles.

FOLLICULUS.

C'est un homme de sens, c'est un homme d'esprit:
Avant d'admettre un fait, toujours il l'éclaircit;
Il ne débite pas de nouvelles frivoles:
On peut aussi l'en croire.

DAVE.

Hélas! si je l'en croi,
C'en est donc fait de Rome, et du monde, et de moi.

SCÈNE III.

FOLLICULUS *(seul).*

Je ne connaissais pas encor tout mon mérite.
Puis-je voir sans étonnement,
La chose arriver justement
Ainsi que je l'avais prédite?
O profondeur du jugement!
Quelque Dieu, sans doute, m'inspire.
O force de discernement!
J'étais né, sur ma foi, pour gouverner l'Empire;
Ou l'empereur du moins.... S'il m'avait consulté,
Oui, s'il avait voulu m'en croire
Plutôt qu'un vain désir de gloire,
Méprisant l'ennemi qui l'avait insulté,
En Dacie, aujourd'hui de nos débris couverte,
Au-delà du Danube eût-il trouvé sa perte?
Jamais Domitien, qu'il voulut effacer,
Au-delà du Danube a-t-il voulu passer?
Non: s'il aimait la gloire, il redoutait la guerre.
Sur ce point l'empereur ne lui ressemble guère.
Et puis il ne fait rien que d'après son avis.
Domitien aux miens donnait quelque importance;
Et dans plus d'une circonstance,
Ne s'est pas repenti de les avoir suivis:

De plus, il les payait avec magnificence.
    C'est à tort qu'on l'a soupçonné
    D'être atteint d'un peu d'avarice.
Il punissait l'injure et payait le service;
Et s'il a beaucoup pris, il a beaucoup donné.
    Moi j'aime à lui rendre justice.
C'était un digne prince! un véritable appui
    Pour les talens tels que les nôtres,
Récompensant le bien que l'on disait de lui
    Et le mal qu'on disait des autres.
    Auguste libéralité
    Qui faisait fleurir la satire!
    Bien loin d'en avoir hérité,
    Trajan, dans sa sévérité,
    Refuse même de nous lire!
Mais d'autres nous liront...... Du sort qu'a mérité
    Sa coupable témérité
    En vers courageux je l'accuse
    Pardevant la postérité.
    On ne doit pas de charité
    Au malheur qui n'a pas d'excuse.
    Mais j'apperçois Repticulus:
    Dans ses yeux la joie étincelle.

SCÈNE IV.

FOLLICULUS, REPTICULUS.

FOLLICULUS.

Que dites-vous de la nouvelle?

REPTICULUS.

Je viens vous l'annoncer, seigneur Folliculus.
Mais vous, connaissez-vous la nouvelle satire?

FOLLICULUS.

Si je la connais, dites-vous?
Sous ce portique asseyons-nous;
En entier je vais vous la lire.

REPTICULUS.

En seriez-vous l'auteur?

FOLLICULUS.

   Et qui, de bonne foi,
Qui, si ce n'est ou vous, ou moi,
En ce siècle, aurait le courage
De publier un tel ouvrage?

REPTICULUS.

Ou vous, ou moi, c'est fort bien dit.
Car franchement, en fait d'esprit,

Nous différons de peu de chose;
Et dès longtems j'ai dit en prose
Ce qu'en vers vous avez écrit.
Toutefois votre émule en pensée, en audace,
En talent, j'en conviens, n'est pas votre rival.
Vous seul réunissez la vigueur et la grâce;
Et la facilité d'Horace
A la force de Juvénal.

FOLLICULUS.

Contre certains abus de la grandeur suprême
Je doute que jamais on ait tonné plus fort;
Et, soit dit entre nous, de mon courage extrême
Je serais effrayé moi-même,
Si l'empereur n'était pas mort.

REPTICULUS.

Mais il l'est; la nouvelle est sûre.
J'en crois Vermiculus qui n'est pas un bavard,
Et ne dit rien à l'aventure:
Il la tenait de bonne part.

FOLLICULUS.

Vermiculus l'affirme? En ce cas, plus de doute.
Rhéteur, scribe et grammairien,
Il transcrit ce qu'il lit, redit ce qu'il écoute;

Mais on sait qu'il n'invente rien.
On vient... justement, c'est notre homme.

SCÈNE V.

REPTICULUS, FOLLICULUS, VERMICULUS (7).

FOLLICULUS.

Eh ! vite ; arrivez donc un peu plus promptement.

VERMICULUS.

Qui vous presse ?

FOLLICULUS.

Le bien public apparemment.
Si ce n'est nous, mon cher, qui donc en ce moment
Réglera le destin de Rome ?

VERMICULUS.

Voilà Rome, en effet, dans un grand embarras.
La nouvelle en tous lienx commence à se répandre.

REPTICULUS.

Et qui donc ne la saurait pas ?
Je l'ai dite à qui veut l'entendre.

VERMICULUS.

Sénateur, soldat, citoyen,

Chacun reste interdit: on s'assemble en tumulte;
Au sénat, au forum on propose, on consulte,
    Et l'on ne s'accorde sur rien.

FOLLICULUS.

Tant mieux! Voilà donc nos affaires
En fort bon train.

REPTICULUS.

Comment?

FOLLICULUS.

        Quand l'ordre est subverti,
A tant d'ambitieux, qui tous ont un parti,
    Ne sommes-nous pas nécessaires?

VERMICULUS.

Il est vrai.

FOLLICULUS.

Pour former, pour guider les esprits,
En cette grande circonstance,
Et nos discours et nos écrits (8)
Sont, je crois, de quelque importance.

REPTICULUS.

Sans doute.

FOLLICULUS.

Unissons-nous; c'est pour le bien commun.

REPTICULUS.

Soit ; car le bien public et le mien, c'est tout un.

FOLLICULUS.

Mes bons amis, daignez me dire
Qui notre choix, d'abord, doit porter à l'Empire.

REPTICULUS.

Je pencherais pour Adrien.

FOLLICULUS.

Pour Adrien ! jamais il ne sera mon maitre.
Des défauts de Trajan , pour ne vous cacher rien,
Il tient trop ; et trop peu , peut-être,
Des qualités de Domitien.

VERMICULUS.

J'inclinerais pour Servien.

REPTICULUS.

C'est un esprit aimable et juste.

VERMICULUS.

Il aime les talens.

FOLLICULUS.

Et qu'en conclurez-vous ?

VERMICULUS.

Qu'il sera pour vous et pour nous
Ce que pour feu Virgile était jadis Auguste.

FOLLICULUS.

Cet homme n'est pas de mon goût.
Il est moins bel esprit encor que philosophe.
Il passe tous ses jours, de l'un à l'autre bout,
Entre Plutarque, Pline et gens de cette étoffe,
Qui ne nous vantent point du tout.
Il a des qualités, soit: mais au rang suprême
N'élevons pas imprudemment
Quiconque à la grandeur, je le dis franchement,
Aura trop de droits par lui-même.
C'est travailler pour un ingrat.
Quoique vous ayez fait, oubliant au plus vite
Par quel aide il sortit de son premier état,
Sur le trône une fois, le nouveau potentat
Croira ne rien devoir qu'à son propre mérite.
Mais ce serait tout différent,
Si nous pouvions bien nous entendre
Pour élever au premier rang
Tel qui n'y dut jamais prétendre.

REPTICULUS.

En ce cas-là, pour Cornutus

Je vous demande vos services :
C'est un bon homme sans vertus.

FOLLICULUS.

Ce bon homme est aussi sans vices.
Il n'a pas même un goût; or l'homme indifférent
Ne se gouverne pas plus aisément qu'un sage.
S'il est sans passions, par où mener un grand ?
M'en croirez-vous, amis ? unissons nos suffrages.....

VERMICULUS.

Sur qui donc ?

FOLLICULUS.

Sur qui ? sur Varron !

REPTICULUS.

Y pensez-vous ?

FOLLICULUS.

Sur lui je sais bien qu'on clabaude.

VERMICULUS.

Il est aussi lâche que Claude
Et plus prodigue que Néron.

FOLLICULUS.

Soit ; mais à cela je réplique

Que le bien peut naître du mal.
Prodigue, il sera libéral;
Et lâche, il sera pacifique.
Enfin, s'il n'est soldat il sera citoyen;
Il fermera le temple de la guerre;
Ramènera l'âge d'or sur la terre :
Du moins le dirons-nous en vers qu'il paîra bien.

VERMICULUS.

Vous l'imaginez?

FOLLICULUS.

Je le gage!

REPTICULUS.

Vite, allons, mes amis, mettons-nous à l'ouvrage :

FOLLICULUS.

La louange est pour lui le premier des besoins.
Ceux qui la méritent le moins
Sont ceux qui l'aiment davantage.
Il paîra largement et nos vers et nos soins.
D'ailleurs, aux yeux de Rome est-il rien de plus juste
Que de rendre l'Empire à l'héritier d'Auguste?

REPTICULUS.

A l'héritier d'Auguste! Eh! que dites-vous là?

VERMICULUS.

Mon cher, votre erreur est insigne.

FOLLICULUS *(avec importance.)*

Son ayeule était belle, et de Caligula
Il descend presque en droite ligne.

VERMICULUS.

Je n'ai rien à dire à cela ;
Et conviens qu'on ne peut, sans crime,
Refuser d'appuyer un droit si légitime.
Eh bien donc ! qu'il soit empereur.
Au cri de la raison jamais je ne résiste.
Mais qui vient en ces lieux ?

REPTICULUS.

Quel est ce sénateur ?

FOLLICULUS.

C'est Pline le panégyriste. (9)

SCÈNE VI.

**REPTICULUS, FOLLICULUS, VERMICULUS,
PLINE.**

PLINE *(à part.)*

Ou je me trompe fort, ou les gens que voici,

Grands fabricateurs de nouvelles,

Sont les auteurs de nos libelles.

Sur ce fait, avant tout, je veux être éclairci.

VERMICULUS.

Quel motif le conduit ici?

PLINE *(en les saluant.)*

Prenons l'air triste.

REPTICULUS.

Amis, pourquoi ces airs aimables?

VERMICULUS.

C'est que le malheur rend humain.

FOLLICULUS.

Les affaires du chef sont en bien mauvais train

Quand les favoris sont affables.

(ironiquement à Pline.)

Vous paraissez bien attristé.

PLINE.

Dans ce jour de calamité,

Dans ce jour si funeste à la grandeur romainen,

En pourrait-il être autrement?

REPTICULUS.

La mort de l'empereur vous semble donc certaine?

PLINE.

Je voudrais en douter.

VERMICULUS.

N'en doutez nullement.

FOLLICULUS.

Avis aux gens enclins à croire
Qu'il faut tout immoler à l'amour de la gloire.

PLINE.

Ce n'est pas votre tort; et ce n'est pas celui
Du héros dont le sort vient de trancher la vie.
L'amour de la gloire pour lui,
C'était l'amour de la patrie :
Je le croyais du moins.

REPTICULUS.

Ne vous trompiez-vous pas ?

VERMICULUS.

L'amour de la patrie, au-delà des frontières
Aurait-il entrainé ses pas?

REPTICULUS.

L'amour de la patrie, ami, n'exigeajt pas
Qu'il courût en d'affreux climats
Enterrer avec lui vingt légions entières.

VERMICULUS.

S'il n'avait affronté que d'utiles dangers....

REPTICULUS *(l'interrompant.)*

Sous les pas d'un guerrier ils ne sont jamais rares...

FOLLICULUS *(l'interrompant.)*

Il n'aurait pas trouvé sous des cieux étrangers
Tous les maux qu'il a faits à ces pauvres barbares.

PLINE.

Vous vous montrez pour eux bien tendre, en vérité !
Quel est votre pays ?

FOLLICULUS.

C'est Rome.
Mais pour être Romain, je n'en suis pas moins homme;
Et je défends l'humanité.

PLINE.

Tels sont les citoyens dont mon pays fourmille.
La patrie est pour eux un mot stérile et vain.
On est l'ami du genre humain
Et l'on plaide avec sa famille.
Daignez pourtant vous souvenir
Que pour bonnes raisons, Trajan voulut punir
Ces barbares sur qui votre bon cœur s'afflige.

Le mépris des plus saints traités ,
Nos champs par trois fois dévastés,
Les torts qu'enfin vous nous prêtez
Étaient les leurs ; les leurs , vous dis-je.
Il se peut que les Dieux nous aient mal secourus ;
Mais non qu'injustement la guerre ait été faite.

FOLLICULUS *(vivement.)*

Il est sûr que depuis Varus
On n'a pas essuyé de plus triste défaite.

PLINE.

C'est vous compromettre un peu trop
Que dire, mot pour mot, ce que dit la satire
Qui circule depuis tantôt.

FOLLICULUS.

Cette satire, mot pour mot,
Dit donc ce qu'un Romain doit dire.

PLINE.

Appellez-vous Romains, ces lâches insensés,
Des cendres d'un héros profanateurs barbares ?
Bien plus que vous ne le pensez,
Les Romains comme vous sont rares.

FOLLICULUS.

Les Romains comme vous, d'un cœur indépendant
N'ont jamais compris le langage.

PLINE.

Outrager dans la tombe un monarque impuissant,
    Est-ce montrer bien du courage ?

FOLLICULUS.

    Était-ce en montrer davantage
    Que le flatter de son vivant ?

    PLINE *(avec indignation.)*

Je ne l'ai point flatté ; c'est le métier d'un lâche ;
    Ce ne sera jamais le mien :
    Je l'ai loué quand il a fait le bien,
Je l'ai loué souvent ; et d'un bon citoyen
    C'est remplir la plus noble tâche.
Chacun à son devoir veut être encouragé
    Par l'attrait d'une récompense.
Par l'espoir des grandeurs tel s'y trouve engagé ;
    Tel, par l'espoir de la puissance.
    Vous-même, sans l'espoir du gain,
    Vous persisteriez moins, je pense,
Dans le plus vil métier du plus vil écrivain.
Mais ces objets divers de nos désirs extrêmes,
L'or, les rangs, la grandeur, si chéris des humains,
    Que sont-ils pour les souverains,
    Qui les possèdent par eux-mêmes ?
    Nous devons donc à leurs vertus

Un prix mille fois plus sublime.
C'est l'amour général, c'est la publique estime,
Qui d'un jour bien rempli récompensaient Titus.
L'éloge encourageait cette bonté féconde,
Qui sur le genre humain chaque jour s'exerçait,
 Et la voix qui le prononçait
 Acquittait la dette du monde.
Sous un autre Titus j'ai rempli ce devoir.
Aux vertus de Trajan j'ai rendu témoignage ;
 Et c'est aujourd'hui qu'on peut voir
Si d'un lâche flatteur j'ai parlé le langage.
A mon prince, à moi-même, allez, j'en suis certain,
 Ma bouche n'a pas fait outrage.
Je n'ai rien dit de trop, puisqu'à sa noble image,
Excepté vous peut-être, il n'est pas un Romain
Qui dans ce jour de deuil n'en dise davantage.
Mais au revoir : j'en sais tout autant qu'il m'en faut.

FOLLICULUS.

Mon âme on est vraiment charmée,

PLINE.

Votre prudence ici pourrait être en défaut ;
Et Rome, un peu trop tôt, pourrait s'être alarmée.
Mais que veut ce courrier ?

SCÈNE VII.

REPTICULUS, FOLLICULUS, VERMICULUS, PLINE, LE COURRIER.

LE COURRIER.

Je vous cherchais, Seigneur.

PLINE.

D'où viens-tu ?

LE COURRIER.

De l'armée.

(tous ensemble.)

O ciel ! est-il possible !

PLINE.

Parle, que devient l'empereur ?

LE COURRIER.

Toujours grand, toujours invincible !

PLINE.

Les Daces ?

LE COURRIER.

De leur fraude ils ont reçu le prix.
Leurs guerriers sont ou morts ou pris.
Mais, Seigneur, vous n'avez qu'à lire :
Cet écrit en dit plus que je n'en pourrais dire.
(Il remet une lettre à Pline.)

PLINE *(lit).*

Sénécion consul, à Pline sénateur;
   Salut : notre auguste empereur
D'après votre amitié jugeant de vos alarmes,
    Veut qu'avant tous vous sachiez quel bonheur
     Jupiter accorde à ses armes.
      Les Daces par trois fois défaits,
      Croyaient, en demandant la paix,
      Endormir notre vigilance;
Cependant que leur chef, par un secret accord,
     Du plus puissant des rois du Nord
     S'était ménagé l'assistance.
Nous apprenons bientôt, sans en être surpris,
Que dépouillant la feinte et redoublant d'audace,
Au camp du roi sarmate, on vu le roi dace
De son camp dispersé rallier les débris;
Et qu'il accourt jaloux de venger sa disgrâce.
Trajan de ces rapports ne s'épouvante pas.
Il a de sûrs moyens pour repousser l'orage
     Et multiplier les soldats :
     La discipline et le courage.
Pour un poste meilleur, abandonnant soudain
Celui qu'il occupait, il a su du terrain
    S'assurer d'abord l'avantage.
Il fuit pour vaincre, on croit qu'il fuit comme vaincu.
Sur ses pas le barbare à grands pas accouru,

En espoir triomphe et nous raille.
Il apprendra bientôt, en ce champ trop étoit,
Qu'au génie appartient le droit
De choisir le champ de bataille.
La nuit vient; le repos précède les combats.
Dépouillant l'appareil de la grandeur suprême,
L'empereur lui seul ne dort pas;
Il visite le camp et voit tout par lui-même.
Au plus dangereux poste il était parvenu,
Lorsqu'un soldat l'a reconnu;
Et s'écrie; ô César! si j'ai bonne mémoire,
Demain revient le jour ou le peuple romain,
Pour son bonheur et pour sa gloire,
T'a proclamé son souverain.
Tes présomptueux adversaires
Demain à l'univers auront appris comment
Rome de ton avènement,
Veut fêter les anniversaires.
Il dit: et saisissant un brandon à ces feux
Qui du camp marquent la limite,
D'une main joyeuse il l'agite,
En criant: ô César! vis à jamais heureux.
Le camp se réveille et l'imite;
Par chacun à-la-fois mêmes vœux sont formés;
De semblable flambeaux tous les bras sont armés;
Et l'on serait tenté de croire

Que ce camp, d'ennemis pressé de toutes parts,
Est l'enceinte paisible où les enfans de Mars
 Font la fête de la victoire.
Le jour enfin renait et la guerre avec lui.
  A peine le soleil a lui,
 Que hors du camp nos légions s'avancent.
Avec fureur sur nous les barbares s'élancent.
  Fougue imprudente, effort stérile et vain,
  Qui leur fait rencontrer leur perte
Dans les forêts d'acier, contre les murs d'airain,
  Dont chaque phalange est couverte.
  Déjà plus d'un brave a vécu.
  Repoussé, mais non pas vaincu,
  L'ennemi pourtant se rallie ;
Mais soudain son ardeur semble se ralentir.
  De rang en rang même on publie
Qu'un nouveau coup sur lui vient de s'appesantir.
Les Daces, en deux parts divisant leur armée,
  S'étaient flattés d'anéantir
La nôtre, au jour naissant tout-à-coup enfermée.
Le projet était grand ; mais, pour l'exécuter,
  Que d'obstacles à surmonter !
  Il fallait franchir un passage
Embrassant d'une part les longs circuits d'un mont,
De l'autre rétréci par des marais sans fond.
Dans ce chemin le Dace aveuglement s'engage.

L'empereur l'y poursuit : comme il a prévu tout,
Comme déjà les siens, sans que rien les arrête,
Ont été du dédale occuper l'autre bout,
Il lui ferme à-la-fois la marche et la retraite.
  Dès-lors nos frondeurs, nos archers,
  Qui du mont occupent le faîte,
Sans craindre l'ennemi, font pleuvoir sur sa tête
Le bois, le plomb, le fer, les débris de rocher.
Nul repos n'interrompt cette affreuse tempête.
Aux piéges qu'ils tendaient les barbares surpris
  Jettent d'épouvantables cris.
Devant eux, derrière eux, sur eux toujours présente
La mort dans tous leurs rangs porte sa faux sanglante.
D'un péril vers un autre incessamment chassés,
  Où fuir le vainqueur qui les presse ?
  Quel parti reste à leur détresse ?
A travers ces marais que l'hyver a glacés
  Les malheureux se précipitent.
Mais des dangers plus grands que tous ceux qu'ils évitent
Sous leurs pas incertains ne sont-ils pas cachés ?
Par la chute des rocs, au rivage arrachés,
En mille endroits déjà la glace est entamée.
Nous l'entendons crier ; nous la voyons fléchir ;
  Elle n'a pas pu soutenir
  Ce fardeau de toute une armée.
  Trop tard les Daces effrayés,

Ont voulu ressaisir le sol qui les rejette;

L'abîme s'ouvre sous leurs piés,

Et se referme sur leur tête. (10)

Trajan, qui sur ces bords ne voit plus d'ennemis,

Trajan précédé de sa gloire,

Retourne dans la plaine achever la victoire,

Et fait plus qu'il n'avait promis.

Son génie est encor plus grand que son courage.

Dès qu'il a paru, tout a fui.

Venir, voir et vaincre, pour lui

D'un moment à peine est l'ouvrage.

Quoi de plus? le Sarmate en ses tristes états

Va déplorer son imprudence;

Et du vainqueur le Dace implore la clémence.

La clémence, aussi bien que l'intrépidité,

Ne s'épuise jamais dans le cœur d'un grand homme.

Trajan pardonne encor; mais veut que le traité

Soit souscrit par le peuple et le sénat de Rome.

Il accourt. A l'instant qu'en vos murs belliqueux

Arriveront les députés des Daces,

Soyez heureux; Trajan qui suit de près leurs traces,

Y doit entrer aussitôt qu'eux.

(Pline aux trois satiriques.)

Qu'en pensez-vous? eh bien! pourquoi les uns les autres

Vous regarder sans dire mot?

Courez vite annoncer ma nouvelle au plutôt;

Elle est du moins plus sûre que les vôtres.

(Au courrier.)

Et toi, diligent serviteur,

Viens, courons à Plautine annoncer son bonheur.

SCÈNE VIII.

REPTICULUS, FOLLICULUS, VERMICULUS,
après s'être regardés avec étonnement.

FOLLICULUS.

Ce ne sont pas-là les nouvelles
Que nous donnait Repticulus.

REPTICULUS.

Ce ne sont pas-là non plus celles
Que nous contait Vermiculus.

VERMICULUS.

Soit, mais cela vous prouve cómme
Le plus fin se laisse attraper.
Ce que j'ai dit, je le tenais d'un homme
Qui n'est pas homme à se tromper.

FOLLICULUS.

De quelque sot, je le parie.

VERMICULUS.

Je ne puis en tomber d'accord.

FOLLICULUS.

De quelque sot, vous dis-je.

VERMICULUS.

Allons, vous avez tort.

FOLLICULUS.

Prouvez-le moi, je vous en prie.

VERMICULUS.

Si c'était vous!

FOLLICULUS.

Moi?

VERMICULUS.

Vous! avez-vous oublié
Que chez moi, l'autre soir à table,
Vous me contiez pour véritable
Ce que pour tel j'ai publié?

FOLLICULUS.

Quoi! c'est-là... malgré moi je ris de l'aventure
Et de cette crédulité,
Qui reçoit comme vérité
Ce qu'on donne pour conjecture.

VERMICULUS.

Pourquoi ne pas vous expliquer?

FOLLICULUS.

Si jamais avec vous j'ose politiquer ,
      Je m'expliquerai, je vous jure.
En attendant, je suis dans un bel embarras
      Par ses discours, et par les vôtres.

REPTICULUS.

Ne nous connaissons-nous donc pas,
Pour nous croire les uns les autres ?

FOLLICULUS.

On ne m'y prendra plus.

VERMICULUS.

Ni moi.

REPTICULUS.

                              Ni moi. Comment,
En attendant, comptez-vous faire
Pour sortir aujourd'hui d'affaire ?
Vous en avez bien dit à Pline.

FOLLICULUS.

                              Mais pas tant.
Et puis j'eus toujours pour système
D'être prêt à parer à tout événement.
De deux façons, mon cher, j'ai toujours fait mon thème.

VERMICULUS.

On n'agit pas plus prudemment.

POLLICULUS.

Je ne veux pas m'en faire accroire.
(*Il ouvre son portefeuille.*)
Voyez-vous ma prose, mes vers?
Ici, j'en ai pour les revers,
Et là, j'en ai pour la victoire.
Ceux-ci sont de ce tems où, sans trop de danger,
Domitien faisait la guerre au Dace.
Sans que j'ajoute ou que j'efface,
Ce n'est que le nom à changer.
Les délateurs auront beau dire;
Je ne les craindrai nullement,
Si Trajan lit mon compliment
Avant qu'il ait lu ma satire.
D'ailleurs je la renie.

REPTICULUS.

A merveille.

POLLICULUS.

Mais, quoi!
Vous dont la langue ici fut tant soit peu hardie,
Mon cher, croyez-vous moins que moi,
Être en butte à la calomnie?

REPTICULUS.

Non sans doute, et ce Pline, ou je suis fort trompé,
> Nous prend pour gens de même étoffe.
Dans votre arrêt aussi je suis enveloppé.
Mais on peut le frapper avant qu'il ait frappé.
> Enfin Pline est un philosophe.
Contre tous ces gens-là j'ai fait un beau traité,
Ouvrage *ex professo*, pour démontrer en somme,
Que tous ces rêves-creux doivent sortir de Rome.
Du frère de Titus cet avis fut goûté.
Je l'ai revu depuis et surtout augmenté.
J'en dédie à Trajan l'édition nouvelle.
Quoiqu'on dise, à présent, puis-je être soupçonné
D'être ennemi d'un prince à qui j'aurai donné
> Ce témoignage de mon zèle?

FOLLICULUS.

> Rien ne fut mieux imaginé.
> Et vous, Monsieur le nouvelliste,
Pour sortir d'embarras, voyons, que ferez-vous?
> Car vous n'êtes pas mieux que nous
> Dans l'esprit du panégyriste.

VERMICULUS,

Pour sortir d'embarras, j'imagine un moyen;
Un moyen, près de qui les vôtres ne sont rien.

Je bâtis à Trajan, avec mon seul génie.....

FOLLICULUS.

Un palais?

VERMICULUS.

Non.

REPTICULUS.

Un temple?

VERMICULUS.

Eh! non.

FOLLICULUS.

Après?

REPTICULUS.

Eh bien?

VERMICULUS.

Une généalogie.
Je lui donne un ayeul vraiment digne de lui.
Virgile, de Vénus a fait descendre Jule.
Je veux que Trajan aujourd'hui,
Soit reconnu pour fils d'Hercule.
Puis remontant jusqu'à Jupin,
Qui content de régner au séjour du tonnerre,
Abandonne à Trajan l'empire de la terre,
J'en conclus que Trajan règne de droit divin.
Sur ce projet, amis, qu'avez-vous à me dire?

FOLLICULUS.

Ingénieux !

REPTICULUS.

Sublime !

FOLLICULUS.

Il me plait.

REPTICULUS.

Je l'admire.

Fin du premier Acte.

ACTE II.

La scène représente l'intérieur du palais de
Trajan.

SCÈNE PREMIÈRE.

PLINE, PLAUTINE, *une lettre à la main.*

PLAUTINE.

Il revient ! je n'en puis douter !
Il revient ! tout couvert de gloire.

PLINE.

Sur ce point vous voyez qu'on pouvait m'écouter.

PLAUTINE.

Il fallait oser vous en croire.

PLINE.

Vous en coûtait-il moins d'accueillir les discours
De la sottise et de la haine ?

PLAUTINE.

Ce qui nous désespère, ami, n'est pas toujours
    Ce qu'on croit avec plus de peine.
    Mais enfin d'où sont-ils partis
Ces mensonges affreux...

PLINE.

        Il serait difficile
D'imaginer, Madame, une source plus vile
    Que celle dont ils sont sortis ;
C'est vous prouver assez que j'ai deviné juste.

PLAUTINE.

    Ainsi donc un mauvais rhéteur...

PLINE.

    Est l'impertinent détracteur
    Du monarque le plus auguste.
    Mais c'est peu que Folliculus
Madame, ait fabriqué l'écrit qui vous irrite :
    Apprenez que Vermiculus,
    D'accord avec Repticulus,
    L'admire et partout le débite.

PLAUTINE.

Jusqu'ici je n'avais pas su
Qu'au monde il existât une pareille espèce.

PLINE.

Souvent l'insecte qui nous blesse
Est celui que jamais on n'avait apperçu.
Pour ceux-ci, dès longtems ils se sont fait connaître,
Je les ai quelquefois trouvés plus indulgens.
Ils sont même fort bonnes gens
Quand ils ont intérêt à l'être.
Domitien par eux s'est vu déifier
Comme l'honneur du diadême ;
Et Trajan dans leurs vers serait chanté de même,
Si Trajan daignait les payer.

PLAUTINE.

Trajan les punira... Quels sont ces cris de joie ?
Entendez-vous ? Entendez-vous ?

PLINE.

C'est l'empereur ; c'est votre époux
Que le ciel enfin nous renvoye.

SCÈNE II.

PLINE, PLAUTINE, TRAJAN, SÉNATEURS, SOLDATS, PEUPLE, LES AMBASSADEURS DES DACES.

TRAJAN.

Combien votre bonheur embellit mon retour !
Romains, qu'ils ont droit de me plaire,

Ces transports de joie et d'amour !
Des travaux les plus grands, c'est le plus doux salaire.
(Aux Daces.)
Et vous, sujets d'un potentat
Trop justement déchu des droits de la couronne,
Allez, Daces, allez apprendre du sénat,
A quel prix Rome lui pardonne.

SCÈNE III.

PLAUTINE, TRAJAN, PLINE.

TRAJAN.

Plautine ! il m'est enfin permis
De presser sur mon cœur l'épouse la plus tendre.

PLAUTINE.

Jupiter à mes vœux enfin daigne vous rendre.

PLINE.

Prince à qui la grandeur n'a point coûté d'amis,
Descendez un moment du char de la victoire.
Après tant de travaux le repos est bien doux.

TRAJAN.

Il m'est bien doux, cher Pline, entre une épouse et vous,
D'oublier un moment la gloire.

PLAUTINE.

N'est-elle pas le prix de vos exploits ?
Et pourquoi l'oublier lorsque je vous revois ;
Lorsqu'à son noble éclat vous prêtez tant de charmes ;
Lorsque, pour la première fois ,
Vous pouvez m'en parler sans voir couler mes larmes ?
Quand vous asservissant aux plus rudes travaux ,
Sa voix vous appellait à des dangers nouveaux ,
J'ai dû la détester par amour pour vous-même.
Mais vainqueur de vos ennemis ,
Quand vous donnez la paix à l'univers soumis ,
Je dois aimer la gloire autant que je vous aime.

TRAJAN.

Qu'elle a de charmes pour mon cœur ,
Quand votre amour sourit aux lois qu'elle m'impose ;
Quand ma gloire et votre bonheur
Me commandent la même chose !

PLAUTINE.

Puisse un accord si doux et pour Rome et pour moi ,
Fixant ici votre présence ,
En bannir à jamais la douleur et l'effroi
Qui cessent avec votre absence.

PLINE.

Que de maux, en effet, n'avons-nous pas soufferts !

Pendant que le bonhéur s'attachait à vos armes,
En proie à de fausses alarmes,
Sur vos plus beaux lauriers nous répandions des larmes,
Et pendant vos succès nous pleurions vos revers.
Aux discours mensongers, l'insidieuse envie
Joignant de mensongers écrits,
Pour égarer les cœurs abusant les esprits,
Calomniait le cours de votre illustre vie.

PLAUTINE.

Ah ! redites les noms de ces vils détracteurs
Du plus humain des empereurs,
Comme du père le plus tendre.
Leurs noms ! vous dis-je.

TRAJAN.

Eh quoi ! Plautine, y pensez-vous ?
Ces cris d'un peuple heureux qui montent jusqu'à nous,
Permettraient-ils de les entendre ?
D'ailleurs, ce qu'ils ont dit, mon retour le dément.
Le seul mépris enfin, je pense,
Doit leur servir de châtiment.
C'est donner à des sots beaucoup trop d'importance
Que de les honorer d'un long ressentiment.
Plautine, le pouvoir s'abaisse également
Soit qu'il les persécute, ou qu'il les récompense.

SCÈNE IV.

PLAUTINE, TRAJAN, PLINE, MARCUS.

MARCUS.

César, le papier à la main,
Trois citoyens sont là, qui de votre demeure
Sollicitent l'accès.

TRAJAN.

Mon palais à toute heure,
Est celui du peuple romain.
Ouvrez.

PLAUTINE.

De votre tems c'est être un peu prodigue,
Que de prêter ainsi l'oreille à tous propos.

TRAJAN.

C'est un peu mon métier.

PLINE.

Après tant de fatigue,
Ne prendrez-vous point de repos?

TRAJAN.

Aux fatigues du rang suprême
Joignons encor cet entretien;
Il me délassera, s'il produit quelque bien.

Après tout, mon ami, que fais-je en ceci? rien
Que ce que je voudrais que l'on fît pour moi-même,
   Si j'étais simple citoyen.

SCÈNE V.

PLAUTINE, TRAJAN, PLINE, MARCUS,
VERMICULUS, FOLLICULUS, REPTICULUS.

PLINE.

En croirai-je mes yeux? ces gens auraient l'audace!...

PLAUTINE.

Connaitriez-vous ces gens-là?
Quels sont-ils?

PLINE.

Il suffit, pour deviner cela,
De les bien regarder en face.

PLAUTINE.

Je n'y vois rien de bon.

TRAJAN *(A Pline.)*

Quoi! Pline, vous sortez?

PLINE.

Permettez que je me retire.
Ces messieurs ont peut-être un secret à vous dire.

FOLLICULUS *(avec joie aux autres.)*

Il part.

PLINE *(à part.)*

Je crains d'ailleurs que mes sens emportés....

TRAJAN.

Restez ; ne sait-on pas à quel point je vous aime
Et quelle confiance enfin règne entre nous ?
Restez, l'on n'aura pas de secrets avec vous,
Pour qui je n'en ai pas moi-même.
Expliquez-vous, mes bons amis.

REPTICULUS *(A Folliculus.)*

C'est vous qui commencez.

PLINE.

Parlez, en assurance.

FOLLICULUS *(Aux deux autres.)*

Je me sens moins de cœur, en cette circonstance,
Que je ne m'en étais promis.
Commencez, vous,...

REPTICULUS.

Que je commence !
J'ai perdu l'esprit et la voix.

TRAJAN.

Qu'est-ce donc qui vous embarasse ?.
Demandez-vous justice? à chacun je la dois ;
Je ne conçois pas plus le trouble où je vous vois,
Si vous demandez une grâce.

VERMICULUS.

A parler librement puisque vous m'exhortez,
J'obéis, en vantant cette victoire insigne
Qui prouve à l'univers combien vous êtes digne
Du sang des dieux dont vous sortez.

TRAJAN.

Moi fils des dieux!

VERMICULUS.

César, auriez-vous quelques doutes
Sur cette grande vérité?
J'ai pour persuader votre incrédulité
Mille preuves pour une ; et je les ai là toutes.

TRAJAN.

Me parlez-vous de bonne foi?

VERMICULUS.

De vos divins ayeux, oui, l'Olympe fourmille.

TRAJAN.

Vous connaissez donc mieux que moi
Les affaires de ma famille? (11)

3.   12

VERMICULUS.

Mille preuves, encore un coup,
Vous convaincront que hors de la sphère commune.

TRAJAN.

Mille ! en vérité, c'est beaucoup :
Je ne vous en demande qu'une.

VERMICULUS.

César, nous n'en manquerons pas.
De grâce un peu de patience.
Vous savez bien qu'aux lieux où vous prites naissance
Hercule avait porté ses pas. (12)
Ce fut là son plus beau voyage.
Aussi, sur les rochers qu'un jour il sépara,
Pour ouvrir aux flots un passage,
Écrivit-il : *nec plus ultra.*
Ce héros, dont le front ceignit tant de couronnes,
Dans les bras de l'amour parfois s'est délassé,
Et de ses travaux a laissé
D'autres garans que ses colonnes.
Certain roi, qu'il avait traité fort rudement,
Avait une fille exemplaire.
La voir, l'adorer et lui plaire,
Procéder à l'enlèvement,
Pour Hercule ce fut l'affaire d'un moment.
Hercule allait vîte en affaire.

Au tendre objet de son amour
Du roi détrôné, bref, il rendit l'héritage,
Qui depuis devint le partage
D'un fils à qui leur flamme avait donné le jour.
Ce fils avec honneur porta le diadême.
On vous nomme Ulpius, il se nommait Vulpès.
A quelque différence près,
N'est-il pas évident que ces noms sont le même? (13)
Aussi de cet enfant des dieux
Avez-vous l'honneur de descendre;
Et comptez-vous pour vos ayeux,
Ceux de César et d'Alexandre.
Remplissez, ô Trajan! votre illustre destin.
Satisfait de règner au séjour du tonnerre,
Jupiter vous cède la terre,
Possédez-la de droit-divin.

PLINE.

Quel impudent!

VERMICULUS.

Tel est le sujet d'un mémoire
Que je rédige avec grand soin.

TRAJAN.

Avant de le finir, vous avez grand besoin
De savoir un peu mon histoire;

Je veux vous la conter en toute vérité :
Je suis fils d'Ulpius qui trente ans servit Rome
Avec courage et probité.
Guerrier et magistrat, il laisse un nom cité
Par le brave et par l'honnête homme.
Plus illustre, mais non plus cher aux gens de bien,
Ce prince dont le règne a consolé la terre
Des fureurs de Domitien,
Nerva, fut mon second père.
Quant à mes ayeux, pardonnez,
Mais je n'en désire pas d'autres
Que ceux que le sort m'a donnés,
Bien qu'ils aient tous été mortels comme les vôtres :
Mortel, je puis m'en contenter.
Empereur, je puis me vanter
Du titre qui m'élève à l'empire du monde :
Sur le choix de Nerva vous savez qu'il se fonde.
Auguste et respectable choix,
Que librement du peuple a confirmé la voix ;
Et qu'enfin d'utiles exploits
Peuvent justifier à l'instant où nous sommes.
Ah ! quand le ciel serait peuplé de mes ayeux,
Je les préférerais ces titres précieux
Que je tiens de l'amour des hommes,
A ceux qu'avec leur sang m'auraient transmis les dieux.
Quoiqu'il en soit, Marcus, qu'on lui donne un sesterce. (14)

VERMICULUS.

Auguste générosité !

FOLLICULUS *(à Repticulus.)*

Hors celui de la vérité
Il n'est pas de mauvais commerce.

TRAJAN.

Mais peut-être allez-vous me trouver exigeant,
Quand je vous aurai dit que ma magnificence
Achète ici votre silence.

PLAUTINE.

Allez, et gagnez votre argent.

VERMICULUS.

C'est moins facile qu'on ne pense.

REPTICULUS *(à Folliculus.)*

Vous voyez qu'on peut s'en tirer.

SCÈNE VI.

**PLAUTINE, TRAJAN, PLINE, MARCUS,
REPTICULUS, FOLLICULUS.**

TRAJAN *(à Repticulus.)*

Et vous, auprès de moi quel motif vous amène ?

REPTICULUS.

Avant tout, ô César, le besoin d'admirer

Le régénérateur de la gloire romaine,
Le héros, le vainqueur, le protecteur....

TRAJAN.

Après....

REPTICULUS.

Si vous le permettiez, César, j'ajouterais
Qu'ici je viens surtout pour vos vrais intérêts.

TRAJAN.

Ceux de Rome, voulez-vous dire?

REPTICULUS.

Vos intérêts, César, ou bien ceux de l'Empire,
Ne sait-on pas que c'est tout un?
Or, pour maxime souveraine
Je tiens qu'en tout état bien ordonné, chacun
Doit, autant que possible, à l'intérêt commun
Consacrer son tems et sa peine.
J'ai rempli ce devoir avec fidélité.
J'en offre pour garant cet ouvrage; un traité,
Qui sur certains objets d'utilité première
Avec profusion répandra la lumière.
Il porte sur un point tant soit peu délicat.
Mais j'espère en vainqueur me tirer du combat.
Résultat du génie et de l'expérience,
Cet ouvrage, d'ailleurs, est un puits de science.

Il m'a coûté dix ans de travaux assidus....
Daignerez-vous le lire en vos momens perdus ?

TRAJAN *(donnant le manuscrit à Pline.)*

Je n'ai pas de momens à perdre ; mais je compte
    Bientôt savoir, de point en point,
Ce qu'il dit, ce qu'il vaut : si je ne le lis point,
    Pline du moins m'en rendra compte.

PLINE.

De mon zèle, César, n'exigez pas cela.

REPTICULUS.

Votre avis est, César, le seul auquel je tienne.

TRAJAN.

L'opinion de Pline en ces matières-là
    A très-souvent réglé la mienne.

REPTICULUS.

Pline a des préjugés qui sont parfois l'objet
    De mes sanglantes apostrophes.

TRAJAN.

De cet ouvrage enfin quel est donc le sujet?

PLINE.

Seigneur, c'est un traité contre les philosophes. (15)

REPTICULUS *(d'un ton ferme.)*

Oui, César, et j'y prouve à tous les potentats
Qu'ils doivent s'éloigner des gens de cette étoffe,
S'ils veulent maintenir la paix dans leurs états.

TRAJAN *(à Pline.)*

Et qu'est-ce donc qu'un philosophe ?
Sur ce point franchement, Pline, il faut s'expliquer.

PLINE.

César, c'est l'homme droit qui s'occupe sans cesse
A rechercher les lois de la sagesse
Et surtout à les pratiquer.
Je n'en connais pas d'autre.

TRAJAN.

Un pareil personnage
Est, ce me semble, le vrai sage,
Dont je ne puis jamais assez me rapprocher.
C'est l'ami dont la voix m'encourage et m'éclaire
Dans le bien que j'ai fait, et que je pourrais faire,
Ou qui, si je fais mal, pour me le reprocher
N'aurait besoin que de se taire.
Un tel homme, au bien général,
Comme au mien, est trop nécessaire
Pour que vous me puissiez résoudre à m'en défaire.

Mais peut-être qu'aussi vous vous expliquez mal,
  Ou qu'on ne sait pas vous comprendre.
Sur le vrai sens des mots tâchons de nous entendre.
Qu'est-ce qu'un philosophe?

REPTICULUS.

   En tout c'est l'opposé
 De l'homme défini par Pline.
Ardent propagateur d'une fausse doctrine,
A tout voir de travers en tout tems disposé,
 Tout philosophe se signale
Par son impertinence et son impiété,
Se rit des plus saints nœuds de la société,
 Ne connait ni lois ni morale,
Déteste l'empereur et la divinité,
Et fonde son bonheur et sa célébrité
 Sur la révolte et le scandale.
César, en dénonçant ces esprits odieux,
 En vous pressant d'en purger Rome,
 Je crois servir, en honnête homme,
 Le prince, le peuple et les dieux.

PLINE.

Le portrait n'est pas neuf. (16)

REPTICULUS.

  Mais du moins je me flatte

Qu'on le trouvera ressemblant.

PLINE.

C'est celui que précisément,
Anitus fesait de Socrate.

TRAJAN *(à Pline.)*

Pline, traitons la chose un peu moins gravement.
(à Repticulus.)
Je conviens, mon ami, qu'il est fort nécessaire
De contenir les gens dont vous me parlez là;
Mais apprenez que pour cela
On a fait dès longtems tout ce qu'il fallait faire.
Depuis mille ans bientôt, le plus sage des rois
A réglé de chacun les devoirs et les droits.
La même loi qui vous protége,
Si vous craignez les dieux, si vous servez l'État
Depuis mille ans condamne et punit l'attentat
Du rebelle et du sacrilége.
Si le crime ignoré parfois est cru permis,
Cette erreur dure peu; Thémis enfin s'éveille
Et frappe l'insensé dont la voix le conseille,
Comme le forcené dont le bras l'a commis.
Reprenez donc, mon cher, et gardez votre ouvrage.
Il contient des avis à peu près superflus.
D'ailleurs bientôt à Rome on ne s'entendrait plus,
Si quelques gens allaient prendre votre langage.

REPTICULUS.

Quoi, César! vous voulez....

TRAJAN.

Ne soyez pas surpris
De la loi que je vous impose.
Il importe à la paix, que pour tous les esprits
Les mêmes mots disent les mêmes choses.
Quel cahos pour nos magistrats!
Pour nos penseurs quel embarras!
Et d'erreurs et de catastrophes
Votre livre serait un sujet éternel:
Les philosophes là passant pour criminels,
Ici les criminels passant pour philosophes.
Toutefois, mon ami, je veux récompenser
Le désir même de bien faire.
On ne peut pas toujours penser.
Que faites-vous pour l'ordinaire
Quand vous ne pensez pas?

REPTICULUS.

César, alors j'écris;
Pour qui veut les payer je fais des manuscrits:
Je suis scribe en un mot.

PLINE.

Et scribe très-habile.

REPTICULUS.

Mais, je crois pouvoir contenter
L'amateur le plus difficile !
Mon écriture vaut mon stile.
Soit dit enfin sans me vanter,
Écriture latine, et grecque,
J'entreprends tout.

TRAJAN.

Eh! bien, transcrivez-moi Sénèque.
De sa philosophie êtes-vous effrayé?

REPTICULUS.

Je ne la connais pas.

TRAJAN.

Vraiment !

PLINE.

Dans cette affaire
Je vois alors pour vous plus d'un profit à faire :
Vous pourrez vous instruire.

REPTICULUS.

Et serai-je payé?
(Il sort en donnant des signes de la plus vive satisfaction.)

SCÈNE VII.

**TRAJAN, PLINE, PLAUTINE, MARCUS,
FOLLICULUS.**

TRAJAN *(à Folliculus.)*

Donnez-vous aussi des avis,
Brave homme? Approchez-vous; parlez en assurance:
Par ma raison toujours s'ils ne sont pas suivis,
Du moins sont-ils reçus par ma reconnaissance.

FOLLICULUS.

Loin de moi des projets pareils.
A César donner des conseils,
C'est des prétentions la plus impertinente.
Je n'aurai jamais ce travers.
Domptez les nations d'une main triomphante;
A votre char, grand prince, attachez l'univers;
Faites des rois; je fais des vers;
Plus vous triomphez, plus je chante.
Sur les vers que je vous soumets,
Daignez jetter les yeux; peut-être à cette grâce
N'aurez-vous pas de regrets.
Quoiqu'ils soient impromptus, à quelque chose près,
Je les crois dans le goût d'Horace.

TRAJAN.

En ce cas, ils seront du mien.

PLINE (à *Plautine.*)

Comment ! Folliculus s'apprivoise ? il vous flatte !

PLAUTINE (à *Pline.*)

N'est-ce pas ce même vaurien,
De qui la plume scélérate ...

FOLLICULUS.

Quand elle est juste et délicate,
La louange est utile et porte l'homme au bien.
Des vertus du bon prince et du bon citoyen
C'est la plus digne récompense.
Louer n'est pas flatter.

TRAJAN.

Comme il faut avouer,
Que flatter ce n'est pas louer.

FOLLICULUS.

Tout comme César, je le pense.

TRAJAN.

Voilà pourquoi je lis sans beaucoup de plaisir
Ces vers, qu'il eût fallu faire plus à loisir.

FOLLICULUS.

Excusez quelque négligence.
  Seigneur, ce n'est pas sans courir,
Que sur tout l'univers ma muse a pris l'avance.
Je crois n'avoir rien dit d'ailleurs qui vous offense.

TRAJAN.

  Non : mais s'il faut vous dire tout,
Dans ce bel impromptu, de l'un à l'autre bout,
Vous vantez ma grandeur, vous chantez ma puissance.
Ces biens qu'aveuglément le sort souvent dispense,
Sont-ils tout ce qu'en moi vous trouvez de parfait?
Et n'est-ce pas plutôt l'usage qu'on en fait
Qui des rois aux tyrans marque la différence?
La louange me plait; je suis de bonne foi :
  Mais celle que je cherche et j'aime,
N'est pas celle qu'enfin Domitien lui-même
  Pourrait partager avec moi.
J'aimerais mieux me voir l'objet d'une satire,
  Que celui d'un tel compliment.

PLAUTINE.

Pour être sur ce point satisfait à l'instant,
  Trajan n'aurait qu'un mot à dire.

TRAJAN.

Plaisantez-vous, Plautine?

PLAUTINE.

Non vraiment.

FOLLICULUS.

Il est tems que je me retire.
Je suis reconnu, je le vois.

PLAUTINE *(à Folliculus.)*

Ne possédez-vous pas plus d'un ton, plus d'un stile?
(à Trajan.)
S'il est pour la louange un des plus maladroits,
Pour la satire, au moins, n'est-on pas plus habile.

TRAJAN.

La satire peut être utile.
Si du bon et du beau vous chérissez les lois,
Si vous avez du goût et des mœurs, je conçois
Que parfois vous sentiez s'allumer votre bile.
Parfois l'honnête homme irrité
De voir l'intrigue heureuse et la fraude impunie,
Attacha l'infamie à leur prospérité,
Et trouva dans sa probité
Et sa colère et son génie.
Quand on sait l'allier avec quelque gaîté,
Cette indignation me plait assez: sans doute
Elle inspira vos vers: lisez-les donc: j'écoute.

FOLLICULUS.

De complaire à César je n'ai pas le moyen :
Ma mémoire est ingrate.

PLINE.

Elle ne fournit rien ?

FOLLICULUS.

Rien qui soit digne de lui plaire.

PLAUTINE.

Mais ne pourrait-on pas trouver un exemplaire
De votre écrit dernier ?

FOLLICULUS.

Il est peu répandu.

PLAUTINE.

Non pas ; je crois l'avoir ; je l'ai.

FOLLICULUS.

Je suis perdu.

TRAJAN.

Puisque Plautine le désire,
Voyons quel châtiment vous gardez aux pervers.
Un auteur mieux qu'un autre a toujours lu ses vers.
Lisez donc.

FOLLICULUS.

Je ne sais pas lire.

3.   13

TRAJAN.

Eh bien! lisons nous-même.

FOLLICULUS.

> Arrêtez; je frémis.

Écoutez-moi, César; j'ai beaucoup d'ennemis.

TRAJAN *(après avoir lu.)*

> Écrivez-vous sous leur dictée?

Vos ennemis alors seraient aussi les miens.

FOLLICULUS.

> Votre Majesté, j'en conviens,

Contre un pareil ouvrage a droit d'être irritée.
Peut-on plus l'offenser?...

TRAJAN *(froidement.)*

> Mon avis, cette fois,

Est encor différent du vôtre.
Cet ouvrage est méchant, d'accord; mais je le crois
> Moins offensant encor que l'autre.

(à Plautine).

Moins offensant, Plautine : et qu'importe, en effet,
Qu'un sot de mes desseins ait mal jugé l'objet,
> Ou qu'un méchant les calomnie;

Règle au coin de son feu le destin des combats;
> Me dise battu quand je bats,

Pris quand je prends, mort quand je suis en vie?

La destinée heureusement

A pris le soin de les confondre ;

Et je crois que l'événement

Me dispense de leur répondre.

Les clameurs de quelques ingrats

Ne peuvent rien sur l'homme au dessus du vulgaire ;

Comme en sa conscience il trouve son salaire,

En dépit d'eux, suivant sa carrière à grands pas,

Du bien qu'il a pu faire il ne se repent pas,

Et ne renonce point au bien qui reste à faire.

Mais dans ce misérable écrit,

Ce qui devrait peut-être exciter ma colère,

C'est ce froid et méchant esprit,

Cette humeur envieuse, injurieuse, amère,

Qui dénigre, afflige, flétrit

Tout ce que Rome admire, ou chérit, ou révère.

Des Scipions et des Césars

C'est peu que le peuple de Mars,

A vous entendre, dégénère ;

Partout le feu sacré s'éteint ;

Ni goût, ni talent, ni morale ;

Par un mortel poison rien qui ne soit atteint ;

Tout juge est corrompu, toute beauté vénale.

Enfin cet immortel laurier,

Si florissant jadis sous la main de Virgile,

Aujourd'hui n'est pas plus fertile

Pour l'auteur que pour le guerrier.

PLINE.

Malgré ce parallèle, on pourrait bien, je pense,
A la philosophie, aux arts, à l'éloquence,
    Promettre encor d'assez beaux jours.

TRAJAN.

    Aussi ne vois-je en ces discours
Que la mauvaise humeur qui signala toujours
    L'envie et surtout l'impuissance.

FOLLICULUS.

    Ah ! César, connaissez-moi mieux.
    Être sévère est-ce être injuste ?
Du mérite, en effet, si j'étais envieux,
Aurais-je tant vanté le beau siècle d'Auguste ?
Sans cesse à ton éloge on sait que je reviens,
    Siècle incomparable à tout autre !

TRAJAN.

    Vous le vantez, oui, j'en conviens;
    Mais pour mieux déprimer le nôtre.
Sans doute il abondait en esprits excellens,
    Ce siècle qu'avec vous j'admire;
Siècle immortalisé par tant d'heureux talens,
Qu'il faut désespérer de voir se reproduire.

Mais le sort à ce point l'a-t-il favorisé,

    Que nous soyons forcés de croire

    Qu'à lui seul il ait épuisé

    Toutes les sources de la gloire?

    Nos soins, je le sais, seraient vains

Pour trouver entre ceux de nos contemporains

Pour qui le double mont n'a pas été stérile,

Un Ovide, un Tibulle, un Horace, un Virgile:

    Ils n'ont pas eu de successeurs,

    J'en conviens; mais l'âge où nous sommes

    N'a-t-il pas aussi ses grands hommes,

    Qui n'ont point de prédécesseurs?

    Appartient-il à d'autres âges,

L'homme qui dénombrant tous ces êtres divers,

Le peuple et l'ornement de ce vaste univers,

Pour apprendre leurs mœurs, pour saisir leur images,

Semble avoir parcouru l'air, la terre, les eaux,

Et n'est pas moins sublime en ses vastes tableaux

    Que la nature en ses ouvrages? (17)

    Cet âge aussi peut se vanter

    D'avoir seul possédé ce sage, (18)

    Qui, bien que né dans l'esclavage,

Du lot dont les destins ont fait notre partage

    Nous apprend à nous contenter;

A ne pas nous targuer du frivole avantage

    D'une instable prospérité;

A supporter l'adversité,

Avec cette tranquillité

Plus sublime que le courage;

A fuir la fausse honte; à fuir la vanité;

A purger notre cœur de dégoût et d'envie;

A n'aimer que la vérité,

Au culte de laquelle il consacra sa vie.

Ne peut-on, sans vous offenser,

Au rang des grands esprits mettre aussi ce Tacite,

Qui rival et non pas imitateur de Tite,

Parle moins et fait plus penser? (19)

Juvénal (20) préférant la vigueur à la grâce,

N'égale pas celui qu'il a cru surpasser;

Mais ne peut-il pas se placer

Dans un assez haut rang, quoiqu'au-dessous d'Horace?

Quintilien, (21) législateur

Dans l'art où Cicéron fut maître,

Près de ce sublime orateur

Doit être mis aussi peut-être.

Après Tacite, après Quintilien,

Juvénal, Épictète, après Pline l'ancien,

Même sans vous compter, je crois qu'il est encore

Plus d'un heureux talent dont cet âge s'honore;

Pline et vous le savez fort bien.

Il serait sans honneur chez les races futures

Ce siècle en talens si fécond!

Bien loin de le penser, ah! malgré vos injures,

J'aime à lui voir porter mon nom.

Rassuré par d'heureux présages,

Ne vous en déplaise, je crois

Qu'un tems fertile en grands exploits

Doit aussi l'être en beaux ouvrages.

Vous le savez aussi; quel étrange intérêt

Sans nul ménagement, sur tout ce qui paraît

Vous fait donc enfoncer votre dent satirique?

FOLLICULUS.

N'exigez pas que je m'explique.

TRAJAN.

L'amour de la célébrité?

FOLLICULUS.

La gloire eut de tous tems pour moi peu d'importance.

PLINE.

La crainte de faire abstinence?

FOLLICULUS.

Vous avez dit la vérité.

Si parfois ma critique est tant soit peu trop vive,

Il faut s'en prendre au siècle : il veut, sans charité,

Rire de tout, quoiqu'il arrive,

Et tout voir immoler à sa malignité.

Malgré moi , dans son goût il faut bien que j'écrive :
Ne faut-il pas, Seigneur, que tout le monde vive? (22)

TRAJAN.

J'en vois peu la nécessité.

FOLLICULUS (bas, à Pline.)

Je suis mort, si dans sa justice
Trajan me traite ainsi que je l'ai mérité :
Je lui serais pourtant de quelque utilité.
Que son intérêt l'attendrisse.
Soit dit sans trop de vanité ,
Ma plume est une autorité.
Chez les contemporains , dans la postérité,
Quels noms veut-il que je flétrisse ?
Qu'il parle ; esprit, talens, courage, probité,
En moi tout est à son service.

PLINE.

Malheureux, savez-vous que vous seriez perdu
Si Trajan, cette fois, vous avait entendu !

FOLLICULUS (à Plautine.)

Épouse d'un héros, à vos pieds que j'embrasse,
Je vous implore ; hélas ! sollicitez ma grâce.
Mais que dis-je ? est-ce à moi d'invoquer sa pitié ?
Je l'ai tant outragé !

TRAJAN,

Je l'avais oublié.

Estimez-vous heureux qu'en cette conjoncture
Mon injure se lie à la publique injure ;
    Sans quoi les dieux me sont témoins.....
Je veux bien n'imputer vos torts qu'à vos besoins ;
Et pour mieux vous punir, si jamais votre muse
Par discours, par écrits, en prose, ou bien en vers,
Venait à retomber dans ses premiers travers,
Je veux qu'en vos besoins vous n'ayez plus d'excuse.
    (à Marcus.)
Savez-vous un emploi vacant dans ma maison ?

MARCUS.

La mort vous enleva votre vieil échanson.

TRAJAN.

Si la place vous plaît, allez, je vous la donne.
Présider à ma table, ordonner les festins,
Vaut mieux que rédiger des écrits clandestins :
C'est un poste où du moins on n'afflige personne.

FOLLICULUS.

Vos désirs, du destin sont pour moi des arrêts :
Je remplirai fort bien la place de Pétrone. (23)
D'une fête faut-il disposer les apprêts ?

SCÈNE VIII. ET DERNIÈRE.

FOLLICULUS , MARCUS , PLINE , TRAJAN ,
PLAUTINE , SÉNATEURS , AMBASSADEURS DES DACES ,
PEUPLE , SOLDATS.

PLAUTINE.

Oui , voici le signal des fêtes.

UN SÉNATEUR.

César , des sentimens du peuple et du sénat
    Voyez en nous les interprêtes.
Notre orgueil applaudit à tout ce que vous faites.
Nous aimons à vous voir, politique et soldat ,
    Ne pas moins aggrandir l'État
    Par vos traités que vos conquêtes.

TRAJAN.

A l'empire élevé par la commune voix ,
Je veux qu'à votre espoir mon règne enfin réponde
Et relève le trône où m'a porté le choix
    Du premier des peuples du monde.

LE SÉNATEUR.

C'est par vous qu'à son rang ce peuple est remonté :
Dans sa prospérité contemplez votre ouvrage.
    Puissant par votre courage ,

Heureux par vôtre bonté,
D'une commune voix, ce peuple entier vous prie
Aux titres glorieux que vous illustrez tous
De joindre le titre si doux,
De père de la patrie! (24)

TRAJAN.

Ce titre est le seul que j'envie.

PLINE.

Qui mieux que vous l'a mérité?

TRAJAN.

Heureux, si la postérité
Me le confirme après ma vie!

FIN DES GENS A DEUX VISAGES.

NOTES ᴇᴛ REMARQUES

pour la Comédie des Gens à deux Visages.

———

(1) *Domestica facta.*

L'auteur a peut-être voulu indiquer par cette épigraphe que les scènes de cette comédie n'appartenaient pas exclusivement au siècle de Trajan, et que le théâtre représentait, *ad libitum*, Paris ou Rome.

Cette pièce doit moins être regardée comme un drame que comme une série de scènes satiriques réunies dans un cadre plus ou moins heureux ; si on la voulait classer parmi les comédies, elle ne pourrait appartenir qu'au genre d'Aristophane, dont l'auteur semble avoir adopté le système, aux personnalités près.

(2) M.ʳ ᴅᴇ Jouy.

Où et de qui n'est-il pas connu sous le nom d'*Ermite de la chaussée d'Antin ?* Les nombreux articles qu'il a publiés, soit sous ce nom, soit sous ceux de *Franc Parleur* et d'*Ermite de la Guyane*, forment une histoire presque complète de nos mœurs, de nos modes et de nos ridicules depuis cinquante ans. Peu de moralistes ont apporté autant de sagacité dans leurs études et les ont redigées avec autant de finesse.

A ces titres, qui suffiraient à sa réputation, il joint celui d'auteur de la *Vestale*, la meilleure pièce, sans contredit, qui ait paru sur la scène lyrique depuis *Quinaut*. Il a de plus obtenu de nombreux succès sur d'autres théâtres et pris rang, par sa tragédie de *Tipoo-Saëb*, entre les auteurs qui soutiennent l'honneur de la scène française.

Enfin M. *de Jouy* a fait plusieurs ouvrages en société avec M. de *Longchamp* son ancien compagnon d'armes, homme de beaucoup d'esprit et de beaucoup de talent aussi, mais beaucoup moins laborieux que lui, malheureusement.

(3) Trajan (Ulpius).

Voici ce qu'en dit *Montesquieu* : « Le prince le plus accompli dont l'histoire ait jamais parlé. Ce fut un bonheur d'être né sous son règne : il n'y en eut point de si heureux ni de si glorieux pour le peuple romain. Grand homme-d'état,. grand capitaine ; ayant un cœur bon qui le portait au bien ; un esprit éclairé qui lui montrait le meilleur ; une âme noble, grande et belle ; avec toutes les vertus, n'étant extrême sur aucune ; enfin l'homme le plus propre à honorer la nature humaine et représenter la divine ».

Grand. et Décad. des Romains, Ch. XV.

St. Grégoire n'avait pas de Trajan une opinion moins favorable. Touché de tant de vertus, ce pape ne crut pas qu'une si belle âme dût rester éternellement en enfer ; il pria Dieu, avec larmes, de faire une exception en faveur d'un si bon prince ; exception qui lui fut accordée, mais sans tirer à conséquence.

Ce fait, affirmé par *Paul diacre* et *Jean diacre*, est, à la vérité, contesté par le cardinal *Baronius* et le cardinal *Bellarmin*, qui le regardent comme incompatible avec la justice divine. *ô Altitudo !* Un théologien nommé *Tostat*, encore plus rigoureux qu'eux, prétend même que non-seulement la grâce de Trajan n'a pas été accordée aux larmes de *St. Grégoire*, mais qu'en s'abandonnant à cet excès de charité, ce saint s'est rendu coupable d'un péché mortel. On débite enfin qu'en punition de ce péché *Grégoire* fut affligé de douleurs aux piés et de maux d'estomac. Cela serait désolant.

Heureusement, *Alphonse Ciacconius*, auteur du livre intitulé : *Vitæ et gesta romanorum pontificum et cardinalium*, et *Rutilius Bensonius*, dans son *Speculum episcoporum*, soutiennent-ils la délivrance de Trajan véritable. Le *Dante* va plus loin ; il dit avoir vu Trajan en paradis. Le théologien auquel nous devons *les trois Empereurs en Sorbonne*, fait enfin du salut de Trajan un article de foi : cela console.

Trajan trouva dans Plautine une épouse digne de lui.

(4) Leur prince fugitif en ses propres états.

Décébale, roi des Daces. Aussi perfide que courageux, ce prince prenait et déposait les armes au gré de son intérêt seul. Souvent vainqueur sous Domitien, toujours vaincu sous Trajan, il finit par se donner la mort. Il avait pour allié le roi des Jazyges et des Roxolans, peuples qui habitaient les environs du Palus-Méotis.

Les Daces , appelés Gètes par les Grecs, habitaient entre le Danube , l'Euxin, les monts Krapak et la Théisse ou Tibisk, les contrées occupées aujourd'hui par la Transilvanie, la Valachie, la Moldavie et en partie par la Hongrie. Ils étaient pauvres et belliqueux. Fatalistes comme les Turcs et les Russes , qui du champ de bataille où ils meurent, croient aller tout droit en paradis, à côté de Mahomet ou de St. Nicolas, les Daces croyaient, en sortant de cette vie, aller rejoindre *Zalmoxis* leur législateur et leur Dieu ; ils couraient à la mort comme à une fête.

(5) Folliculus.

Ce nom répond au mot folliculaire, fabricateur de petites feuilles, de feuilletons. Rhéteur , critique et satirique , *Folliculus* fesait , à ce qu'il paraît , à Rome , le triple métier que, depuis, *Geoffroi* et autres ont fait ou font à Paris et ailleurs.

C'est, sans doute, cette ressemblance qui a déterminé *Luce de Lancival* , à qui cette comédie avait été communiquée, à lui emprunter le nom de *Folliculus* pour en affubler le misérable dont il avait fait le héros d'un poëme plus plaisant que sublime , mais fort spirituel.

Luce de Lancival, littérateur recommandable à plus d'un titre, professa dix ans la rhétorique avec un grand succès , au lycée impérial. Personne ne fut plus exempt que lui de cette pédanterie que les gens de collège apportent trop souvent dans le monde, et qui rendrait le vrai mérite lui-même ridicule. Il a publié une imitation en vers, souvent heureux, de l'*Achilléide* de Stace ; et le théâtre lui est redevable de la belle tragédie d'*Hector*. Il écrivait en latin avec autant d'élégance et de facilité qu'en français. Le jour même de sa mort, il reçut le prix décerné par l'université à l'orateur qui avait composé, dans la langue de Cicéron, le meilleur discours à l'occasion du mariage de Napoléon et de Marie-Louise.

Luce est mort avant l'age de cinquante ans.

(6) Tels que certains oiseaux fameux par leurs augures.

Les Harpies. Qui ne connait le portrait qu'en a fait Virgile ?

.... *Uncæque manus et pallida semper*
Ora fame.

Ænæid. Lib. 3.

« *La faim, de sa pâleur revêt leurs traits livides ;*
Et des ongles crochus arment leurs mains avides. »

Mettez des plumes dans ces mains-là, et le portrait ressemblera à plus d'un original.

(7) Repticulus, Vermiculus.

Diminutifs latins qui répondent au mot français *vermisseau*. Ces espèces abondent chez les modernes ; comment se fait-il qu'ils aient moins de mots que les anciens pour les désigner ? Il semble que nos ressources soient en raison inverse de nos besoins.

(8) Et nos discours et nos écrits
    Sont, je crois, de quelque importance.

Nombre de gens se croient en conscience obligés d'émettre leur opinion sur tout ce qui se fait, et d'endoctriner à tout propos le public, qui n'y fait attention que pour se moquer d'eux : toutes les oies se croient en droit de crier, depuis que, par leurs cris, des oies ont sauvé le Capitole.

Un silence universel aurait, au reste, plus d'inconvéniens que ces criailleries : elles ne sont qu'importunes ; il serait funeste. N'effarouchons pas les oies, de peur d'effaroucher les coqs.

(9) C'est Pline le panégyriste.

Pline-le-jeune. Comme Cicéron, il était homme de lettres et homme d'état ; qualités incompatibles, si l'on en croit quelques grands personnages, qui bien que fonctionnaires publics, ne sont ni l'un ni l'autre. Le plus grand éloge que l'on puisse faire de Pline, c'est de dire qu'il mérita l'amitié de Tacite et la confiance de Trajan.

Il était sénateur et remplit successivement plusieurs magistratures C'est en qualité de consul qu'il prononça le panégyrique de Trajan. « Quoique ce soit un éloge, dit *Crévier*, l'histoire parle de cet empereur comme Pline en a parlé. » Cet accord entre les panégyristes et les historiens s'est peu renouvellé.

Le panégyrique de Trajan, tel que nous le possédons, est le développement d'une harangue que l'orateur à revue à loisir. Pourrait on supposer qu'il ait été prononcé dans ces proportions devant l'empereur ? Quel homme fut jamais doué d'assez de patience pour supporter le débit d'un si long éloge, quand même c'eût été le sien propre ?

(10) L'abime s'ouvre sous leurs piés,
     Et se referme sur leur tête.

Tous les détails de ce récit sont historiques, mais on ne les trouve pas dans *Dion Cassius*.

(11) Vous connaissez donc mieux que moi,
     Les affaires de ma famille ?

Les feseurs de généalogie n'ont jamais été rares. A une époque qui n'est pas éloignée, un d'entr'eux essaya de faire croire à un *roi de fortune* que Sa Majesté descendait d'une race royale, assertion dont il promettait de démontrer la vérité par des preuves péremptoires. Soit orgueil, soit modestie, on l'en dispensa, en lui répondant par ces vers du fabuliste :

    » Rien de plus dangereux qu'un ignorant ami ;
      Mieux vaudrait un sage ennemi. »

En fait de citation, on pouvait mieux rencontrer ; tout grand homme qu'on voudrait faire gentilhomme devrait répondre par de vers de Corneille :

    » Ma valeur est ma race, et mon bras est mon père. »
                      D. Sanche.

Vers défectueux sous quelques rapports, mais où l'on trouve

l'idée que l'auteur de *Mérope* a si heureusement développée dans ces admirables vers :

> « *Un soldat tel que moi, peut justement prétendre*
> *A gouverner l'état, quand il l'a su défendre :*
> *Le premier qui fut roi, fut un soldat heureux ;*
> *Qui sert bien son pays n'a pas besoin d'ayeux.*
> *Je n'ai plus rien du sang qui m'a donné la vie ;*
> *Ce sang s'est épuisé, versé pour la patrie ;*
> *Ce sang coula pour vous ; et malgré vos refus,*
> *Je crois valoir du moins les rois que j'ai vaincus.* »

(12) Aux lieux où vous prites naissance,
Hercule avait porté ses pas.

Trajan était né à Italica, ville de la Bétique, aujourd'hui l'Andalousie. C'est dans cette contrée que régnait ce triple Gérion qu'Hercule appelait brigand, après l'avoir tué pour lui voler ses vaches, par droit de conquête.

(13)   A quelque différence près,
    N'est-il pas évident que ces noms sont le même ?

Les étymologistes et les généalogistes se ressemblent fort : les uns et les autres sont également habiles à tirer parti des plus légères probabilités. La généalogie des mots s'établit à-peu-près de la même manière que l'étymologie des hommes.

(14) Un sesterce.

Il y en avait de grands et de petits. Dans les rapports de la monnaie romaine avec la nôtre, et vu la valeur actuelle de l'once d'argent, le grand sesterce vaudrait aujourd'hui deux cents francs, à-peu-près, et le petit à-peu-près quatre sols. Reste à savoir quel est le sesterce dont il s'agit ici. Pour décider cette question, nous croyons qu'il faut plutôt penser à la munificence du rétribuant qu'aux droits du rétribué.

3.   14

(15) Seigneur, c'est un traité contre les philosophes.

Il y a eu de tout tems des pédagogues suivant la cour. A en croire ces professeurs de despotisme, l'esprit d'indépendance ne serait qu'une conséquence de la philosophie. C'est dans la cause, disent-ils, qu'il faut attaquer l'effet. De là ces ridicules opérations de la censure, qui ne respectait pas plus les morts que les vivans ; de là ces persécutions, qui pour être secrètes, n'en étaient pas moins actives ; de là ces guerres si funestes entre l'autorité et l'opinion.

Les misérables qui prêchent aux princes une pareille doctrine, ne savent-ils donc pas où ils les poussent, et à qui ils les assimilent ? Honorés sous Nerva, sous Trajan, sous Marc-Aurèle, c'est par les Caligula, les Néron, les Domitien, que les philosophes ont été persécutés. Veut-on savoir pourquoi ?

« Quand les peuples sont tombés dans l'abjection et dans le malheur, quand l'ignorance et la brutalité ont tenu les rênes, le savoir est devenu une source d'infortune et de persécution. Pour ces hommes imbécilles, insensés ou abrutis, que le hazard a trop souvent portés à la tête des nations, l'aspect du philosophe est un reproche, celui de l'écrivain une menace : l'austérité de l'un offense ; la pénétration de l'autre épouvante ; quiconque peut observer, quiconque peut écrire, est coupable, aux yeux d'un tyran, d'espionnage ou de délation. »

(Discours prononcé à la distribution générale des prix, en 1803, par M. Arnault, chef de la division de l'instruction publique.)

(16) Le portrait n'est pas neuf.

Ce n'est en effet qu'un résumé de lieux communs, à l'usage de tous ceux qui déclament contre la philosophie ; ce n'est qu'un développement de cette proposition si heureusement rédigée par le rhéteur *Cogé* : " *non magis Deo quam regibus infensa est ista quæ vocatur hodie philosophia.* « Cette qu'on nomme aujourd'hui philosophie, n'est pas plus (lisez moins) ennemie de Dieu que des rois. »

(17) Et n'est pas moins sublime en ses vastes tableaux
    Que la nature en ses ouvrages.

Pline l'ancien ou *Buffon*.

(18)   Ce sage,
    Qui, bien que né dans l'esclavage.

Épictète fut esclave; *J. J. Rousseau* exerça quelque tems une profession servile. Sa devise était : *vitam impendere vero*.
Juven. Sat. IV.

(19)   Parle moins et fait plus penser.

Ce trait caractérise Tacite et pourrait bien désigner aussi *Montesquieu*.

(20) Juvénal préférant la vigueur à la grâce. . . . .

On peut dire la même chose de *Gilbert*.

(21)   Quintilien, législateur
    Dans l'art où Cicéron fut maître.

La Harpe a droit à une partie de cet éloge.

(22) Ne faut-il pas.... que tout le monde vive ?

Propos par lequel l'Abbé *Desfontaines* prétendait s'excuser auprès de M. *d'Argenson*, de turpitudes pareilles à celles que Trajan reproche à *Folliculus*. La réponse de M. *d'Argenson* fut tout-à-fait conforme à celle de cet excellent prince.

(23) Je remplirai fort bien la place de Pétrone.

C. Pétronius, chevalier romain, auteur du *Satiricon*, où ce courtisan de Néron dénonce des débauches dont il avait été complice. Néron, à la vérité, eut avec lui le premier tort, en le trai tant comme Sénèque, en le condamnant à s'ouvrir les veines ; ce que Pétrone, il est vrai, ne fit qu'à son aise. Tigellin le perdit par jalousie de ce qu'en fait de volupté, l'empereur ne trouvait de bien et de bon que ce qui avait été prescrit par Pétrone. Tacite l'appelle *arbiter elegantiæ*, ce qui répond à *surintendant des menus.*

(24)   Père de la patrie.

A ce titre, qui lui fut offert par la flatterie lors de son avènement à l'Empire, et qu'il ne voulut accepter qu'après l'avoir mérité, Trajan en joignit un plus doux encore, celui de *très-bon*, *(optimus)*, qui lui fut déféré par la reconnaissance et qui ne l'avait été à personne avant lui. La mémoire de Trajan, que tous ses successeurs ne prirent pas pour modèle, fut pour les Romains ce que celle de Henri IV est pour les Français. Le peuple, dans ses félicitations, souhaitait à ses nouveaux maîtres plus de bonheur que n'en avait eu Auguste *(felicior Augusto)*, plus de bonté que n'en avait eu Trajan *(melior Trajano)* : autant aurait suffi.

LA RANÇON

DE DU GUESCLIN,

OU

LES MOEURS DU XIVE SIÈCLE,

COMÉDIE

EN TROIS ACTES, EN VERS,

Représentée à Paris,

sur le théâtre français, en Février 1814.

Notandi sunt tibi mores.

HORAT.

AVERTISSEMENT

Qui était en tête de la première édition.

Cet ouvrage, annoncé avec faveur, n'a pas été accueilli avec indulgence: est-il aussi bon qu'on le disait? est-il aussi mauvais qu'on l'a dit? C'est ce dont le lecteur va décider. Le parterre, qui n'est pas le public, aime assez à casser les opinions faites par des particuliers, qui sont encore moins le public que lui. Mais n'est-il pas aussi sujet à tomber dans un excès de rigueur, que les amis de l'auteur à tomber dans un excès d'indulgence? Dans les querelles littéraires surtout, la raison se trouve presque toujours entre les deux opinions.

Cette opinion mitoyenne, qui devient celle du public, ne se forme qu'à la longue, soit par une série de représentations, soit par la lecture.

De ces deux ressources, l'auteur, malgré la bonne volonté des acteurs, a cru devoir préférer la seconde. Eût-il été mieux écouté, mieux entendu, mieux jugé à une seconde représentation, donnée au milieu de préventions si défavorables? C'est à la lecture à rappeler l'ouvrage sur la scène, s'il n'en est pas indigne.

On a fait à l'auteur le reproche d'avoir rabaissé un de nos plus grands hommes, en le montrant sous des rapports familiers. Tous les héros ne gagneraient pas à être représentés ainsi; mais il en est qui n'ont pas besoin d'échasses pour paraître grands, et qu'on peut faire descendre au niveau des autres hommes sans les rapetisser : ils sont tellement supérieurs au vulgaire, que leurs actions, comme leurs pensées, conservent toujours le caractère de l'héroïsme, dans quelque situation qu'ils se trouvent, dans quelque forme qu'ils s'expriment.

Les héros qui gagnent à nous laisser pénétrer dans leur

familiarité, sont ceux qui à la grandeur d'âme joignent l'originalité d'esprit et la bonté de cœur. Leur esprit prêtant à leurs sentimens des expressions particulières, leur compose une physionomie qui plaît davantage peut-être que ces traits généraux par lesquels tous les grands hommes se ressemblent. Un héros peint sous cet aspect ne perd rien en grandeur, et gagne en amabilité: pour rire de ses saillies, on ne l'en admire pas moins. Henri IV est tout aussi roi dans la cabane de Michaut que sous les lambris du Louvre, quoiqu'il y soit comique.

Ces observations sont applicables à DU GUESCLIN. Il a aussi sa physionomie, que la tragédie ne peut pas lui conserver, et que la comédie peut reproduire en le saisissant dans une de ces circonstances si communes dans sa vie, où le plaisant et l'héroïque se trouvent naturellement alliés.

Le trait que l'auteur a choisi nous semble réunir ces deux conditions. L'impossibilité où DU GUESCLIN se trouve de se racheter, par une suite de la libéralité avec laquelle il a employé à racheter ses amis, le prix de sa propre rançon ; l'embarras où le jettent les conséquences de cette généreuse imprévoyance, quand, lié par sa parole d'honneur, il se voit dans l'impossibilité de défendre son propre château où l'ennemi l'assiége, sont les situations les plus propres à faire ressortir ce mélange de courage et de bonté, de fierté et de bonhommie, de ruse et de loyauté, de franchise et d'ironie, qui forment le caractère du *bon Connétable*.

Tous les faits représentés ou rappelés dans ce drame sont historiques ; l'on n'a inventé que le cadre qui les réunit.

Quant aux mœurs, ce sont celles de l'époque, reproduites avec une fidélité scrupuleuse. Cette fidélité n'a-t-elle pas même été portée trop loin? pour le succès du jour, oui; pour le succès durable, c'est ce qu'il faut voir, Remarquons, en attendant, que ce ne sont pas celles de ces mœurs qui sont tombées en désuétude, telles que les habitudes guerrières dans un ecclésiastique, qui ont été mal accueillies, mais bien celles dont nous conservons encore des restes, telles que les préjugés de la dame DU GUESCLIN. La cause de cette différence dans les effets est assez piquante à rechercher, et peu difficile à trouver. A mesure que les lumières se sont accrues et répandues, le nombre des esprits superstitieux a diminué, et les superstitions sont devenues d'autant plus ridicules qu'elles ont semblé n'être plus le partage que des petites gens et des petits esprits. La belle TIPHAINE n'a donc pas été jugée d'après les idées de son siècle, mais d'après les idées du nôtre, dans lequel ce qui était l'indice d'un génie supérieur en 1366, n'est plus que la preuve de l'ignorance et de la crédulité. La croyance et la pratique de l'astrologie judiciaire avaient pourtant valu à cette noble dame le surnom de *Fée*; elle était d'ailleurs, par ses vertus et sa grandeur d'âme, digne de son noble époux, avec lequel elle rivalisait de générosité. On a voulu la peindre ressemblante : les petites défectuosités même rendent les portraits de famille plus reconnaissables.

Un journaliste a trouvé quelque conformité entre ce personnage et celui de M. *Crédule* : l'auteur conçoit la possibilité du fait, quoiqu'il n'ait ni vu, ni lu M. *Crédule*.(1) Moins malheureux sous ce rapport que les journalistes, les auteurs ne sont pas obligés de tout connaître.

Cette discussion, et plus encore la lecture de la comédie qu'elle précède, prouveront sans doute que l'auteur est bien éloigné, comme il en a été accusé, d'avoir voulu confondre les genres, et que ce drame n'est pas, ainsi

que quelques personnes ont semblé l'insinuer, une tragédie
anglais ou allemande, mais une simple comédie, conforme à toutes les règles du théâtre français, soit sous le
rapport de l'unité, soit sous celui du ton, qui nous semble également exempt de recherche et de négligence,
de bassesse et d'enflure. Mais cela ne constitue pas seul
le style comique. *Molière* ne se borne pas à être naturel;
il est surtout plaisant.

PROLOGUE.

LE BON VIEUX TEMS.

———

Aux lecteur, c'est en tremblant
Que je t'offre cette peinture.
Un géant peint en miniature
Te paraîtra-t-il ressemblant ?

J'ose l'espérer ; j'aime à croire
Que je n'ai pas perdu mes soins :
Si ce n'est qu'un croquis, du moins
C'est celui d'un tableau d'histoire :

C'est celui de ce bon vieux tems,
Si regretté de l'ignorance,
Où les héros et les brigands
A qui mieux-mieux pillaient la France;

Où d'illustres aventuriers,
Riches sans avoir une obole,
N'empruntaient pas moins sur parole,
Et payaient, grâce aux roturiers;

Où la plus fière Châtelaine,
Comme le rempart le plus haut,
Pouvait être prise d'assaut
Trois ou quatre fois par semaine;

Où nul, y compris l'aumônier,
Dans le château, ne savait lire;
Où quiconque savait écrire,
Était hérétique ou sorcier;

Où l'on ne voyageait qu'en troupe,
De peur de quelque désarroi,
Monseigneur sur son palefroi
Menant sa noble dame en croupe;

Où la force était le seul droit;
Où la justice et l'innocence,
Se démontrant à coup de lance,
N'appartenaient qu'au plus adroit;

Où le juif au visage blême
Suçait l'honnête citoyen,
Jusqu'à ce qu'un roi très-chrétien
A son tour le suçât lui-même;

Où l'on voyait plus d'un prélat
Ne demandant que plaie et bosse,
Préférer le sabre à la crosse
Et le hausse-col au rabat;

Où Monsieur l'abbé, vrai Saint-George,
Et dévotement inhumain,
Bénissait les gens de la main
Qui leur avait coupé la gorge.

Dans ce bon tems, tout démontré,
Même aujourd'hui peu regrettable,
Qu'avec plaisir j'ai rencontré
Les vertus du bon Connétable !

Patron du peuple, appui des rois,
Il sut, selon les circonstances,
Du pape obtenir, à son choix,
De l'argent et des indulgences.

Donnant un peu moins au hazard,
Moins soldat, et plus capitaine,
C'eût été César ou Turenne,
S'il fût né plus tôt ou plus tard.

Mais tel qu'il fut, il sut reprendre
Nos champs par l'Anglais envahis :
Tel qu'il fut, mon pauvre pays,
Le bon Dieu veuille nous le rendre !

PERSONNAGES.

BERTRAND DU GUESCLIN.
L'ABBÉ DE MALESMIN.
JEAN HONGAR, chevalier breton.

JEAN FELTON.
HUE DE CAURELAI.
BREMBRO.
PLÉBI.
GRÉVAQUES.

capitaines anglais.

ISSACAR, juif, aubergiste et usurier.
JEAN BIGOT, écuyer de DU GUESCLIN.
UN HÉRAUT aux armes de France
UN HÉRAUT aux armes d'Angleterre.
TIPHAINE RAGUENELLE, femme de
DU GUESCLIN.
CLÉMENCE, sa nièce.
SOLDATS ANGLAIS.
SOLDATS BRETONS.

La scène au premier Acte est dans une au-
berge ; et pendant les deux derniers, à la
Roche d'Airien, château de DU GUESCLIN.

LA RANÇON
DE DU GUESCLIN.

ACTE PREMIER.

Le théâtre représente l'intérieur d'une auberge.

SCÈNE PREMIÈRE.

ISSACAR, *seul d'abord ; il est assis près d'une table,
et occupé à faire des comptes*, FELTON.

ISSACAR.

ALLONS, maître Issacar, cela ne va pas mal.
    Sans me donner beaucoup de peine
    J'aurai, ma foi, dans la quinzaine
    Presque doublé mon capital.
Fidèle observateur de la loi de Moïse, (2)
Je ne fais toutefois que ce qu'elle autorise :
Aussi Dieu bénit-il le travail de mes mains,
    Et m'a-t-il fait trouver fortune
Jusque dans les malheurs qu'il prodigue aux humains...

Pour leurs péchés... La guerre en nos tems si commune

Pour moi loin d'avoir des dangers,

Remplit ma maison d'étrangers,

Qui, le verre à la main, oubliant leur rancune,

Stipulent entre deux chansons,

Des enrôlemens, des rançons,

Des congés... Je fournis et le vin et les fonds,

Et fais deux récoltes pour une;

Car chacun me trouve au besoin,

Et je joue ici plus d'un rôle.

Non content de tenir mon auberge avec soin,

Je prête à tous, sur tout, excepté sur parole,

Même celle de du Guesclin.

Non pas que le plus grand de tous les capitaines

A manquer de foi soit enclin;

Mais tout homme est mortel, et si tous ses domaines

Ne valaient pas, cent fois, quinze mille écus d'or,

Que je lui procurai pour se tirer des chaînes,

Et quinze mille écus qu'il me demande encor,

De mes recouvremens qui pourrait me répondre ?

Autant vaudrait prêter sur les brouillards de Londre,

Ou sur le billet d'un Gascon.

Mais n'en est-ce pas un que ce monsieur Felton,

Qui deux fois par Guesclin fait prisonnier de guerre;

M'a deux fois emprunté le prix de sa rançon,

Prix qu'à me rendre il ne se presse guère ?

J'ai fait là, je le crains, une assez sotte affaire....

    Il serait pourtant un moyen

    De s'en tirer sans perdre rien,

Et même en y gagnant. La fortune inconstante,

Qui des plus valeureux trahit souvent l'attente,

Fit tomber au pouvoir de mon noble aigrefin

Un des meilleurs amis de ce bon du Guesclin.

    En place de ma double somme

    Si je demandais ce brave homme,

Que mon loyal Breton bientôt racheterait,

Serait-ce donc si mal suivre mon intérêt ?

A quatre individus, oui, c'est rendre service.

    Sans plus longue réflexion,

N'hésitons pas à faire une bonne action,

    Où je trouve mon bénéfice.

Voici mon débiteur qui vient fort à propos.

(A Felton qui entre.)

De vos bontés, Milord, permettez-moi d'attendre

Un mot....

FELTON.

    Pour le moment laissez-nous en repos;

Maître Issacar, tantôt je pourrai vous entendre.

    (Issacar sort. Caurelai entre.)

SCÈNE II.

CAURELAI, FELTON.

FELTON.

Eh bien, quelle nouvelle apportez-vous du camp?

CAURELAI.

Si j'en crois l'apparence, un traité va se faire;
Mais ce traité, Felton, s'il faut vous parler franc,
A nous autres Anglais ne fait pas notre affaire.

FELTON.

Avec vous j'en tombe d'accord,
Et j'unis mes regrets aux vôtres.
Le comte de Blois, par sa mort,
N'accommode, en cédant la Bretagne à Monfort,
Ni ses intérêts, ni les nôtres.

CAURELAI.

Maudit jour pour les férailleurs!
De ces lieux la paix nous exile.
Mais après tout, le monde est-il donc si tranquille
Qu'on ne puisse aujourd'hui trouver fortune ailleurs?

FELTON.

A suivre ce parti mon âme est résignée,
Caurelai; mais avant que la paix soit signée,

Ne pourrions-nous en ce canton,
Où Guesclin commandait naguère,
Par quelque tour de vieille guerre
Nous venger de tous ceux que nous fit ce Breton?

CAURELAI.

Que dites-vous, Felton? Ce brave capitaine
Ne serait-il plus prisonnier?

FELTON.

Au contraire; et s'il sort jamais, c'est le dernier
Dont Chandos brisera la chaîne.
Profitons, croyez-moi, de sa captivité.
J'ai sur le cœur plus d'un outrage:
Unissez-vous à moi.

CAURELAI.

Souscrirai-je au traité
Sans savoir à quoi je m'engage?

FELTON.

A rien, qu'à partager, si le cœur vous en dit,
Le profit de cette entreprise.

CAURELAI.

Elle me convient peu, pardonnez ma franchise,
Si je n'y trouve autant d'honneur que de profit.

FELTON.

Celui-là me rendrait service
Qui toujours me garantirait
La moitié d'un tel bénéfice.

CAURELAI.

Quant à moi, c'est suivant celle qu'on m'offrirait.

FELTON.

La fortune vous est offerte,
Et vous hésiteriez ?

CAURELAI.

Je le sens, c'est un tort :
Mais dans ce que je fais, je veux voir clair d'abord.

FELTON.

Eh bien donc, de nos gens écoutez le rapport ;
Ils viennent de la découverte.

SCÈNE III.

BREMBRO , CAURELAI , FELTON , PLÉBI ,
GRÉVAQUES ; *ces trois derniers sous différens*
déguisemens.

FELTON.

Quoi de nouveau , Plébi ?

PLÉBI , *déguisé en charbonnier.*

Sous ce déguisement,

Le charbon sur l'épaule , et même sur la face ,
Tout à l'aise , Milord , j'ai visité la place.
  Ou je me trompe étrangement ,
  Ou , dans ces murs , au coup qui les menace
  On ne s'attend aucunement.
J'ai vu par quels endroits le fort est accessible.
Malgré ses tours , malgré ses fossés remplis d'eau ,
Malgré ses boulevards , je crois qu'il est possible
De déjeûner demain dans ce noble château. . . .

   CRÉVAQUES , *en vivandier.*

D'y souper dès ce soir , et si c'est votre envie ,
  Mes amis , de vous y coucher.
En vain la garnison prétendrait l'empêcher ;
Sa volonté, d'effet ne sera pas suivie.
J'en ai fait la revue : officiers et soldats
  Ont goûté de mon eau-de-vie.
Vrais Bretons , francs buveurs, formés pour les combats!
  Couverts de balafres , de rides ,
  Ces gens-là seraient dangereux
  S'ils étaient un peu plus nombreux ,
  Et tant soit peu moins invalides.

   FELTON.

Et vous , Brembro ?

BREMBRO.

Chargé de rubans, de lacets,
Moi, j'ai su pénétrer jusqu'au quartier des femmes.
Tout marchand de colifichets
Par-tout est bien venu des dames.
Il en est là deux pour l'instant :
L'une est la dame châtelaine,
Cette belle et noble Tiphaine,
Épouse de sire Bertrand ;
Femme de grand savoir et de grande énergie,
Qui, d'un regard toujours certain,
Lit, dit-on, dans le ciel tout comme dans ma main,
Et sait à fond l'astrologie :
L'autre est sa nièce, objet charmant en vérité !
Pleine d'esprit, de grâce et de naïveté ;
De figure et d'humeur on n'est pas plus gentille :
Le maître du château l'aime comme sa fille.
Or, tandis que, suivant son goût,
Dame, demoiselle, ou soubrette,
S'occupe de son emplette ;
Que sans rien acheter l'une marchande tout,
Et que sans rien payer une autre tout achète ;
J'écoute, j'interroge, et j'apprends qu'au château
Menacé, par ma juste haine,
Il n'est pas d'autre capitaine
Qu'un gros abbé, prieur de l'ordre de Cîteau.

Parfois pour prendre un casque il a quitté la mître,
Et mène un régiment aussi bien qu'un chapitre. (3)
    Guerrier expert au dernier point,
    Il nous ferait tête sans doute,
    Quoiqu'un peu chargé d'embonpoint,
    S'il n'avait aujourd'hui la goutte.

PLÉBI.

Château vraiment bien défendu.

GRÉVAQUES.

Au premier mot il doit se rendre.

BREMBRO.

Rien qu'en se faisant voir on est sûr de le prendre.

FELTON.

J'en réponds. Caurelai, vous avez entendu.
Vous savez tout.

CAURELAI.

    Tout, hors ce que je veux apprendre,
Avant de m'engager dans un projet si beau.

FELTON.

Et qu'est-ce encor ?

CAURELAI.

    Le nom du maître du château.

FELTON.

C'est celui que tout Anglais nomme
Quand il songe au plus fier de tous nos ennemis.

CAURELAI.

En ce cas-là, mes chers amis,
C'est donc le château d'un grand homme.

FELTON.

C'est celui de Guesclin.

CAURELAI.

Grand homme en vérité!
La preuve en est dans notre haine.
Mais quand il est captif, attaquer son domaine,
N'est-ce pas trop manquer de générosité?

FELTON.

Non pas du moins d'adresse: au grand jeu de la guerre,
Les plus forts, très-souvent ne sont que les plus fins.
Réussissons: pourvu que je vienne à mes fins,
Les moyens ne m'importent guère.

BREMBRO.

A moi non plus, pourvu que Guesclin ait le sort
De mon pauvre cousin, qui, par un stratagème,
S'est vu par ce Breton prendre son château-fort,
Et finit par trouver la mort
Aux portes de son château même.

GRÉVAQUES.

Quel dépit ce Guesclin ne m'a-t-il pas donné
Le jour que faible, et cantonné
Dans certaine abbaye, où j'espérais le prendre,
Lui-même, surprenant mon monde éparpillé,
Me pille ce que j'ai pillé,
Et de plus m'oblige à me rendre ?

PLÉBI.

Quant à moi...

CAURELAI.

Quant à vous, ce n'est pas d'aujourd'hui
Que nous connaissons votre histoire.
Du Guesclin vous battit ; oui, c'est un fait notoire.
Mais faut-il vous en prendre à lui ?
Plébi, sa grandeur d'ame égale son courage.
Bien loin d'user de l'avantage
Que lui donnait le poste où vous étiez placé,
Ce brave et loyal capitaine
Vous permit d'en sortir ; et c'est en rase plaine
Qu'il vous fit repentir de l'avoir menacé.
Un procédé pareil est vraîment magnanime ;
Et je gage qu'au fond du cœur
Vous gardez à votre vainqueur
Moins de rancune que d'estime.

PLÉBI.

Peut-être : mais enfin laisserai-je échapper,
Quand elle se présente, une aussi bonne aubaine ?

GRÉVAQUES.

D'un scrupule insensé c'est trop nous occuper.

BREMBRO.

C'est bien dit : ne songeons qu'au but qui nous amène.
Qui lui donna ce bien d'ailleurs ?

PLÉBI.
Charles de Blois. (4)

CAURELAI.

Il le conquit par ses exploits
Et non par des moyens infâmes,
Et non sur un abbé, des blessés, et des femmes.
Il le conquit sur nous, mais en guerrier courtois,
Qui, détestant les fausses routes,
Obéit à l'honneur jusqu'en ses moindres lois,
Nobles lois que vous bravez toutes.

FELTON.

Ainsi donc...
CAURELAI.

Avec vous bien loin de me lier,
Felton, souffrez que je vous quitte.

FELTON.

Bon voyage.

CAURELAI.

Je suis trop loyal chevalier (5)
Pour vous souhaiter réussite.

SCÈNE IV.

BREMBRO , FELTON , PLÉBI , GRÉVAQUES.

PLÉBI.

Voilà de nobles sentimens.

GRÉVAQUES.

On nous prendrait pour des brigands ,
A ses semonces ridicules.

BREMBRO.

Ne pouvons-nous, sans lui, mettre à fin nos projets?

FELTON.

Eh ! qu'il les serve ou non , qu'importe?

GRÉVAQUES.

Notre part en sera plus forte.

PLÉBI.

Bien dit.

FELTON.

Tous vos soldats, mes amis, sont-ils prêts?

PLÉBI.

N'en doutez pas.

BREMBRO.

Au plan changez-vous quelque chose?

FELTON.

Rien du tout : au lieu dit, ce soir donc, à nuit close,
Et je vous réponds du succès.

(Ils sortent.)

SCÈNE V.

FELTON (seul.)

Nous rirons aux dépens de celui qui nous brave,
Mons Bertrand, je vous en réponds ; (6)
Avant peu, nous boirons le vin de votre cave,
Et nous mangerons vos chapons.

SCÈNE VI.

ISSACAR, FELTON.

FELTON.

Que veut maître Issacar?

ISSACAR.

                    Dire à Monsieur le comte
Que ses équipages sont prêts.
Et puis...

              FELTON.

   N'est-ce pas tout?

              ISSACAR.

                    Si je l'osais...

              FELTON.
                              Après?

              ISSACAR.

   Lui présenter mon petit compte.

              FELTON.

   Maître Issacar prend mal son tems,
   Vû l'état où sont mes finances;
   Mais n'a-t-il pas mes deux reconnaissances?
   Cela vaut des écus comptans.

              ISSACAR.

S'il en était ainsi, ce maudit capitaine,
Ce Guesclin, qui deux fois vous a fait prisonnier,
S'en serait contenté pour rompre votre chaîne,
Au lieu de deux rançons, qu'en la même semaine
Il vous fallut payer jusqu'au moindre denier.

FELTON.

De ma haine pour lui telle est aussi la source.

ISSACAR.

Or, ces deniers, Milord, sont sortis de ma bourse. _

FELTON.

Ils y reviendront, et grand train.

ISSACAR.

Mais quand?

FELTON.

Bientôt.

ISSACAR.

Encore?

FELTON.

Ou ce soir, ou demain.
Pour m'acquitter, mon cher, j'ai plus d'une ressource;
Et, soit dit entre nous, j'entreprends une course
Dont le bénéfice est certain.
Veux-tu que je te donne une part dans mon gain?

ISSACAR.

Gardez pour vous les biens que l'avenir vous offre.
L'espoir sans doute est un trésor;
Mais l'espoir ne vaut pas de l'or,
S'il s'agit de remplir un coffre.

FELTON.

D'accord, mais je n'ai rien de mieux pour le moment.
Bon gré, malgré, bon homme, il vous faut donc attendre.

ISSACAR.

J'attendrai peu, Milord, si vous daignez entendre
      A certain accommodement.

FELTON.

Quel qu'il soit, Issacar, j'y souscris tout de suite,
      S'il ne me faut rien vous payer.

ISSACAR,

Votre esprit sur ce point a tort de s'effrayer:
Sans argent, tous les jours, avec moi l'on s'acquitte.

FELTON.

Vas-tu me demander mes armes, mes chevaux?

ISSACAR.

      Si j'y pensais, que l'on m'assomme.
Ce sont les instrumens de vos nobles travaux;
      J'aimerais mieux perdre ma somme.
On n'est pas plus discret que moi, vous le savez:
      Pour l'argent que vous me devez,
      Je ne demande rien qu'un homme.

FELTON.

Rien qu'un homme ?

ISSACAR.

Est-ce donc se montrer exigeant ?
Rien qu'un homme, rien davantage.

FELTON.

Je le vois, tout devient argent
Dans les mains d'un prêteur sur gage.

ISSACAR.

Entre les mains de l'usurier,
Pourquoi, souffrez que je le dise,
L'homme ne pourrait-il être une marchandise,
Comme entre les mains du guerrier ?
Vous avez beau vous récrier :
Tout mortel a son prix, prix dont la différence
Hausse ou baisse, il est vrai, suivant la circonstance.
Vous en êtes la preuve, et fûtes racheté
Avec l'argent que je vous ai prêté.
Le prix que vous valiez la semaine dernière,
Un autre ne peut-il le valoir aujourd'hui ?
Cédez-moi tous vos droits sur lui,
Je vous donne quittance entière.

FELTON.

Cet autre, quel est-il ?

ISSACAR.

Le Breton par vous pris
Dans la dernière bataille.

FELTON.

Le chevalier Hongar?

ISSACAR.

Oui.

FELTON.

Crois-tu qu'il me vaille?

ISSACAR.

Laissez-moi le penser; je le prends prix pour prix;
Y perdez-vous?

FELTON.

Bizarre échange !

ISSACAR.

A mes poursuites il met fin.

FELTON.

Plaisant marché , vraîment !

ISSACAR.

Marché d'or , puisqu'enfin
Tous les deux nous gagnons au change.

FELTON *(à un domestique.)*

Hola ! faites venir le chevalier breton.

ISSACAR.

C'est bien. Mais entre nous déterminons d'avance
Le prix qu'il doit payer pour sa rançon.

FELTON.

Une somme égale, je pense,
A ce que je te dois, plus quelques menus frais......

ISSACAR.

Et plus aussi les intérêts,
Et puis les intérêts des intérêts.

FELTON.

J'admire
Quel génie aujourd'hui t'inspire,
Et comme au même poids tu pèses les humains.
Grâce à ta rare intelligence,
Un écuyer vaut dans tes mains
Autant qu'un Maréchal de France.

SCÈNE VII.

ISSACAR, FELTON, HONGAR.

HONGAR.

Parlez ; que voulez-vous, Milord ?

ISSACAR.

Vous parler d'un traité qui vous conviendra fort.

FELTON.

J'avais juré que de ma vie
On ne verrait briser vos fers :
Mais ce serait par trop prolonger vos revers ;
Je change donc de fantaisie.
Soyez libre quand vous voudrez,
Moyennant une honnête somme,
Qu'à votre aise vous verserez
Dans les mains de cet honnête homme,
A qui mes droits sont transférés.
A l'amiable ici vous vous accorderez.
Adieu.

(Il sort.)

SCÈNE VIII.

ISSACAR, HONGAR.

HONGAR.

Cadet Breton, je n'ai ni sou ni maille.

ISSACAR.

Mais par de bons garans vous êtes appuyé.

HONGAR.

Vous plaisantez, l'ami.

ISSACAR.

Chevalier, si je raille,
Que je ne sois jamais payé.

HONGAR.

En ce cas, sans délai, souffrez que je m'en aille.

ISSACAR.

Vous êtes bien pressé d'aller chercher des coups.

HONGAR.

Mieux vaut en recevoir sur le champ de bataille
Que de mourir d'ennui chez vous.

ISSACAR.

On ne dispute pas des goûts ;
Et le meilleur des goûts, après tout, c'est le nôtre.
Liberté sur ce point, pour moi, vaut un trésor ;
Vous me voyez donc prêt à vous rendre la vôtre,
Moyennant cinq mille écus d'or.

HONGAR.

Cinq mille écus d'or, Juif ! me prends-tu pour un autre ?

ISSACAR.

Pour votre honneur et pour le mien,
C'est cinq mille écus d'or, je n'en puis rien rabattre.

HONGAR.

Ciel , cinq mille écus d'or ! Felton , qui me vaut bien ,
S'est racheté deux fois pour quatre.

ISSACAR.

Vous êtes envers vous bien injuste aujourd'hui.
Pour Felton , sire Hongar , j'ai la plus haute estime ;
Je sais tout ce qu'il vaut ; mais , encore , est-ce un crime
De vous estimer plus que lui !

HONGAR.

Je n'entends rien à ce langage ,
Sinon que de ma gloire on a pris trop de soins .
Et qu'on me plairait davantage
Si l'on m'estimait un peu moins.
Pour cinq mille écus d'or , bourreau , tu me délivres ;
Où les prendrai-je ? dis ! peux-tu ne pas savoir
Que mes chiens , mes chevaux , mes terres , mon manoir ,
Ne valent pas cinq mille livres ?

ISSAGAR.

Mais vous avez un bien qui vaut mille fois plus ,
Sans poids , sans valeur intrinsèque ,
Que tous les biens du monde.

HONGAR.

Eh ! quel bien ?

ISSACAR.

Vos vertus.

HONGAR.

As-tu jamais prêté sur pareille hypothèque ?

ISSACAR.

Non ; mais n'est-il personne en ce vaste univers
Qui n'ait de ces vertus tiré quelque avantage ?
Qui, secouru par vous au moment des revers,
Ne se sente obligé de vous tirer des fers
  Où l'on retient votre courage ?
Guesclin vous doit la vie.

HONGAR.

   Ah ! loin de l'oublier,
  Ce grand homme aime à publier
Que, sauvé par mon bras, autant qu'un frère il m'aime.
  Mais puis-je espérer qu'aujourd'hui
  Mes fers seront brisés par lui,
  Quand il est prisonnier lui-même?
Je vois que de tristesse il me faudra mourir.
   (Il se jette dans un fauteuil.)

ISSACAR *(à part.)*

Pour mes fonds, en effet, j'ai ce risque à courir.
(à Hongar.)
Mourir ! que dites-vous, Chevalier ? rien ne presse :

Plus que vous-même à vous je m'intéresse;
Je veux bien vous loger, je veux bien vous nourrir.
Dans cette auberge soyez maître.
Où diable pourriez-vous mieux être?
Cellier, cave, cuisine, on va tout vous ouvrir.
Buvez, mangez, faites bombance,
Et placez votre confiance
En Dieu, qui vient nous secourir
A l'instant où moins on y pense.
Mais quel homme en ces lieux s'avance?

SCÈNE IX.

BIGOT, *enveloppé dans un manteau*; ISSACAR,
HONGAR.

BIGOT, *bas à Issacar.*

Ne me reconnaissez-vous pas?

ISSACAR.

Jean Bigot, l'écuyer de du Guesclin!

BIGOT.

Silence!

ISSACAR.

Et que fait Monseigneur?

BIGOT.

Il marche sur mes pas.
Écartez tout témoin.

ISSACAR.

(A Hongar.)

J'entends. Bonne espérance ;
Je vous en dirai plus là-bas. Vous, cependant,
M'en croirez-vous, Seigneur ? dînez en attendant
L'instant de votre délivrance.

(Hongar sort.)

SCENE X.

BIGOT, DU GUESCLIN, *en habit de voyage,* ISSACAR.

ISSACAR.

Mais voilà Messire Bertrand.

DU GUESCLIN.

Bonjour, l'ami.

ISSACAR.

Pour moi c'est un honneur bien grand
Que de vous recevoir dans mon hôtellerie.

BIGOT.

Et ce n'est pas petit profit.

ISSACAR.

Croyez que l'honneur me suffit.

DU GUESCLIN,

Trêve aux complimens , je vous prie.
Parlons d'affaire.

ISSACAR.

En tout j'ai fait vos volontés.
Des trente mille écus empruntés, non sans peine,
Sur mon crédit plus que sur vos domaines,
Quinze mille déjà vous ont été comptés;
Monseigneur à son gré peut disposer du reste.

DU GUESCLIN.

Vous êtes à-la-fois intelligent et leste :
Je voudrais que le reste à l'instant fût porté
A ma femme,

ISSACAR.

Pour vous je suis prêt à tout faire,
Monseigneur; j'ai d'ailleurs par-là plus d'une affaire,

DU GUESCLIN.

Moi, j'ai besoin de prendre un moment de repos,
Et de dîner sur-tout... Qu'on nous serve... A propos,
A la dame Guesclin dites, je vous en prie,
D'assembler nos vassaux , nos parens, nos amis.
Ces quinze mille écus sont ce que j'ai promis
Pour doter ma nièce chérie.

Je veux que ma Clémence épouse, dès ce jour,
Le sire de Clisson qui l'adore et qu'elle aime.
Le bien public l'ordonne autant que leur amour;
    Et c'est pour les unir moi-même,
Que ce soir au château je serai de retour.

ISSACAR.

Ce que vous dites là ne pourrait-il s'écrire?
De n'en rien oublier je serais plus certain.
Votre écuyer devrait...

BIGOT.

        Allons, vous voulez rire;
A la plume, Issacar, moi, je mettrais la main?
    Me prenez-vous pour un vilain?
Eh! que n'écrivez-vous vous-même?

ISSACAR.

          On a beau dire,
    Et se moquer d'un écrivain,
L'art d'écrire est au rang de ces arts nécessaires
    Qu'un noble a tort de dédaigner.

BIGOT.

Vous feriez bien moins vos affaires
Si les nobles savaient signer.

DU GUESCLIN *(pendant qu'Issacar écrit.)*

Ma mère le disait, et dans cet art utile
Voulait absolument que je devinsse habile.
        Mais du moine qui s'employait
        A me donner tant de science,
Mon indocilité lassa la patience.
        Vainement on me rudoyait ;
        De prouèsses anticipées
Ma tête était remplie, et mes doigts n'assemblaient
        Que des lettres qui ressemblaient
        A des lances ou des épées.
        Pourquoi le tourmentez-vous tant ?
Dit un jour mon aïeul ; où donc est l'important
        Qu'un gentilhomme sache écrire ?
C'est par d'autres moyens qu'il doit servir l'état.
        Mon père était un bon soldat ;
Il sauva la Bretagne, et ne savait pas lire. (7)

ISSACAR.

        Ce que Monseigneur a dicté
        Est couché dans cette écriture.

DU GUESCLIN.

Qu'à ma femme au plutôt ce billet soit porté.

ISSACAR.

Ne le signez-vous pas ?

DU GUESCLIN *(scellant l'ecrit du pommeau de son épee.)*

Voilà ma signature.

Pars sans délai.

BIGOT.

Peut-il partir en sûreté?

ISSACAR,

Moi? les routes jamais ne m'ont été fermées.
Pacifique au milieu du bruit,
J'ai sauve-garde et sauf-conduit
Des généraux des deux armées.
Sitôt qu'au prisonnier breton
J'aurai fait servir le potage...

DU GUESCLIN.

Quel est ce prisonnier?

ISSACAR.

Un homme de courage,
Un chevalier pris par Felton,
Et qui faute d'argent, dit-on...

DU GUESCLIN.

Quel est son nom?

ISSACAR.

Hongar.

DU GUESCLIN.

Hongar ! mort de ma vie !
Hongar est prisonnier ! Cours... ne le préviens pas,
Et fais préparer un repas,
Le meilleur qu'on ait vu dans ton hôtellerie.
Va donc.

ISSACAR.

A vous servir je serai diligent ;
Pour vous je ferai des merveilles.
(à part.)
L'amitié double encore au milieu des bouteilles,
Et je tiens déjà mon argent.

SCÈNE XI.

BIGOT , DU GUESCLIN.

DU GUESCLIN *(à part.)*

Ce pauvre Hongar est sans ressource ;
Il ne peut pas se racheter.
(à Bigot.)
L'homme d'ordre avec soi quelquefois doit compter ;
Quel est l'état de notre bourse ?

BIGOT.

Mauvais.

DU GUESCLIN.

Tant pis, morbleu !

BIGOT.

Sur trente mille écus
Qu'à ces Lombards vous empruntâtes,
En engageant à ces pirates
Et vos fonds et vos revenus...

DU GUESCLIN.

Que nous reste-t-il ?

BIGOT.

Rien.

DU GUESCLIN.

C'est bien peu.

BIGOT.

Je m'étonne
Qu'un peu plutôt l'argent ne vous ait pas quitté
Car je ne connais pas de prince qui le donne
Avec plus de facilité.

DU GUESCLIN.

Bah ! tu plaisantes.

BIGOT.

Dans la vie

Cela m'arrive rarement,

Monseigneur, et dans ce moment,

Moins que jamais j'en ai l'envie.

Est-il si gai de voir que le produit d'un prêt

Qui vous est fait à si gros intérêt,

Par ce Juif que le ciel confonde,

Soit jusqu'au dernier sou dépensé pour autrui,

Si bien qu'excepté vous, ou bien nous, aujourd'hui,

Vous ayez à vos frais racheté tout le monde?

Or des deniers qui m'ont été comptés

Pour payer la rançon que Chandos vous demande,

Voici l'emploi, réglé d'après vos volontés.

Je l'ai dans la mémoire : Au sire de Guérande

Pour se racheter, et payer

La rançon de son écuyer,

Trois mille écus, que Dieu vous rende.

Plus, au seigneur de Kergoët,

Pour rétablir ses équipages,

Mille ; et pour retirer tous les leurs mis en gages,

Mille au sire de Penhouët,

Et mille au sieur Carenlouët.

Après vient une litanie :

Cent hommes d'armes rachetés

Avec six mille écus aux deux Maunis prêtés

Pour remonter leur compagnie ;

Plus, mille écus d'indemnités

A des cultivateurs réduits à la misère ;
Autant à des soldats mutilés par la guerre.
Maudites libéralités !
Qui vous ont dépouillé jour par jour, pièce à pièce,
Au point qu'il ne reste plus
De vos trente mille écus,
Que la dot de votre nièce !

DU GUESCLIN.

Argent sacré !

BIGOT.

Comment vous tirer d'embarras ?

DU GUESCLIN *(avec impatience.)*

Mais pourquoi donc aussi ne me retiens-tu pas ?

BIGOT.

Quand un infortuné vous demande assistance,
Vraiment l'économie est bonne à vous prêcher !
Soit dit, sans vous le reprocher,
C'est, je crois, Monseigneur, la seule circonstance
Où je sois sûr de vous fâcher.
Aussi le ciel sait quelle violence
Je me fais bien souvent pour garder le silence ;
Car enfin vos bienfaits s'égarent quelquefois.
Témoin quand ce maudit Rennois
A su vous attraper mille livres tournois,

Que vous coûte sa délivrance.
Ce n'était qu'un félon, je vous en avertis,
Un traître qui cent fois a changé de partis.
Tantôt pour l'Angleterre et tantôt pour la France,
Il passe en fausseté le dernier des valets.
    Certain jour qu'il était Anglais,
    Par fatalité singulière,
Il me fit prisonnier : la guerre est journalière.
Or, quand je le priai de me mettre à rançon,
Ne m'a-t-il pas, Monsieur, demandé sans façon,
    Trois fois plus que je ne possède ?
Oui, sourd à la pitié, tout comme à la raison,
Ne m'a-t-il pas six mois fait jeûner en prison,
    Où je serais mort sans votre aide ?
Jugez si contre vous votre écuyer pestait,
    Quand jusqu'à la dernière obole,
Vous m'avez fait verser dans les mains d'un tel drôle
    Le peu d'argent qui nous restait.

DU GUESCLIN.

D'un mot ne pouvais-tu m'apprendre...

BIGOT.

Mais ce mot, Monseigneur, il eût fallu l'entendre.

DUGUESCLIN.

    Suis-je malheureux à demi ?
    Mon imprévoyance est insigne.

Prodiguer pour un homme indigne
L'argent qui manque à mon ami !
Que dis-je ? Au défaut de la somme,
J'ai des chevaux, ma femme a des bijoux...

BIGOT.

Fort bien.

Mais si...

DUGUESCLIN.

Courons d'abord embrasser ce brave homme,
Et ne désespérons de rien.

Fin du premier Acte.

ACTE II.

Au lever de la toile, la dame du Guesclin est assise, et file au fuseau ; Clémence, placée près d'elle, brode une écharpe ; des femmes de leur suite sont occupées de divers ouvrages de ménage.

SCÈNE PREMIÈRE.

CLÉMENCE , LA DAME DU GUESCLIN , FEMMES DE LEUR SUITE.

LA DAME DU GUESCLIN.

CLÉMENCE, notre abbé rentre aujourd'hui bien tard.

CLÉMENCE.

Comme il va beaucoup mieux, ma tante, je le gage,
    Il aura, suivant son usage,
Voul, faire un tour de, rempart.

LA DAME DU GUESCLIN.

La garnison, je crois, s'y trouve réunie.

CLÉMENCE, *gaîment.*

Il la passe en revue... A présent vous viendrez,
   Monsieur Clisson, quand vous voudrez,
   Voilà votre écharpe finie.
  (à la dame du Guesclin.)
   Sauf le respect que je vous dois,
En vos mains, bien souvent, le fuseau se repose ;
   Ou quand il tourne entre vos doigts,
   Vous rêvez à toute autre chose.

LA DAME DU GUESCLIN.

Je pense que la lune entre dans son déclin.

CLÉMENCE.

Et qu'en augurez-vous, sage et docte Tiphaine ? (8)

LA DAME DU GUESCLIN.

   Qu'avant la semaine prochaine
   Nous ne verrons pas du Guesclin.

CLÉMENCE.

Mon oncle? votre époux? Je crois tout le contraire.

LA DAME DU GUESCLIN.

Aux astres tu ne connais rien.

CLÉMENCE.

(en riant.)

Et vous.... Mais changeons d'entretien.
Si nous chantions pour nous distraire ?

LA DAME DU GUESCLIN.

Chanter, et quoi ?

CLÉMENCE.

Le chant qu'autour de votre époux
Chantait la nation bretonne,
Quand l'Anglais marcha contre nous.

LA DAME DU GUESCLIN.

Quand l'Anglais tomba sous nos coups.

CLÉMENCE.

Vous le chantez mieux que personne.
(Elle prend un luth et accompagne.)

LA DAME DU GUESCLIN.

Oubliant ses malheurs passés,
L'étranger, d'une main hardie,
Jusque sous nos murs menacés,
Porte le meurtre et l'incendie.
A la voix du noble Bertrand
Réveille-toi, peuple fidèle ;
Au champ d'honneur il nous attend,
Au champ d'honneur il nous appelle. (9)

(Le chœur reprend les quatre derniers vers.)

Français, par d'étrangères lois,

Verrons-nous nos lois étouffées ?

Sous des bras vaincus tant de fois,

Verrons-nous tomber nos trophées ?

(Le chœur.) A la voix , etc.

CLÉMENCE.

Il n'est pas permis d'hésiter

Entre la gloire et l'infamie :

Pour les sauver, il faut quitter

Ses enfants, sa mère et sa mie.

(Le chœur.) A la voix , etc.

La sort peut trahir la valeur ,

La victoire est par fois volage.

SCÈNE II.

CLÉMENCE, LA DAME DU GUESCLIN, L'ABBÉ,

SUIVI DE SOLDATS , SUITE.

L'ABBÉ , *en entrant , continue le couplet commencé par Clémence.*

Mais n'oublions pas que l'honneur

Est toujours fidèle au courage.

(Le chœur.) A la voix , etc.

J'aime à voir l'ennemi marcher

Vers nos champs ouverts à la gloire :

Les pas qu'il fait pour nous chercher

Rapprochent de nous la victoire,

(Le chœur.) A la voix , etc.

Voilà mon hymne à moi ; j'aime autant ce français
    Que le latin des patenôtres ;
    Il me rappelle nos succès ,
    Et nous en fait espérer d'autres. .

CLÉMENCE.

Qui n'est pas de ce sentiment ?

L'ABBÉ.

(Aux soldats qui   (A son valet qui veut
* l'ont suivi.)   sortir.)*

Allez.. — Et vous, Guillaume, écoutez un moment :
Je suis fort mécontent de votre négligence.
Ici vous n'êtes pas écuyer seulement ;
Songez-y. Je prétends qu'on soigne également
Et mon casque, et ma mître, et ma crosse, et ma lance.
    Il ne faut rien faire à demi.

LA DAME DU GUESCLIN.

Comment vous trouvez-vous , cher oncle ?

L'ABBÉ.

               Bien , ma nièce.
Sur mes pieds à tel point je me sens raffermi
Que je ferais, ma foi, tête à tout ennemi
    Qui prétendrait nous faire pièce.

LA DAME DU GUESCLIN.

Au noble transport qu'il ressent
On reconnaît ce cœur que rien ne peut abattre.

CLÉMENCE.

Cependant, mon cher oncle, attendez pour combattre
Que vous soyez convalescent.

L'ABBÉ.

Le danger n'est pas menaçant ;
Mais enfin si l'Anglais insultait cette place ,
Je pourrais me montrer.

CLÉMENCE.

Dieu nous fasse la grace
De détourner de nous un semblable malheur!

L'ABBÉ.

Doutez-vous . . .

LA DAME DU GUESCLIN.

De votre valeur ?
En elle nous avons entière confiance.
Mais votre force. . . .

L'ABBÉ.

Elle est dans mon expérience.
Ne suis-je pas un vieux routier?
N'ai-je pas combattu sous les murs de Poitier? (10)
J'y fus pris comme un autre.

CLÉMENCE.

En cette circonstance
Vous pourriez courir même chance.

L'ABBÉ.

Va, tu n'y connais rien : un assaut, mon enfant,
Diffère un peu d'une bataille.
On voit du moins venir du haut de la muraille
Ceux contre qui l'on se défend ;
Avec loyauté tout s'y passe.
L'on n'est pas exposé, comme on l'est en plein champ,
A se voir battre en queue, en flanc,
A l'instant où l'on bat en face.
Cause de mes malheurs, je ne puis le nier,
Dans ce jour si funeste à la valeur guerrière,
Où je me suis vu prisonnier,
Pour n'avoir jamais su regarder en arrière.

LA DAME DU GUESCLIN.

Respectant votre bras ainsi que votre cœur,

Cher oncle, aujourd'hui quand votre âge
Vous laisserait une vigueur
Mesurée à votre courage,
Que feriez-vous? Hélas! la fleur de nos guerriers
Suivit mon noble époux dans ces champs meurtriers,
A Charles de Blois si funestes. (11)
Des enfans, des vieillards, quelques estropiés,
Braves, ainsi que vous chancelans sur leurs pieds,
De notre garnison voilà les tristes restes.
Notre Bertrand lui-même, il faut en convenir,
Avec si peu de monde aurait peine à tenir
Dans un château pareil au nôtre.

L'ABBÉ.

Qu'en sa garde ainsi donc Dieu nous tienne aujourd'hui;
Car ce que Bertrand croît difficile pour lui
Est impossible pour un autre.
Ah! quand reviendra-t-il?

CLÉMENCE.

Ce soir, assurément.

L'ABBÉ.

Tu le crois?

LA DAME DU GUESCLIN.

Et comment le saurais-tu?

CLÉMENCE.

Comment?

LA DAME DU GUESCLIN.

Te mêles-tu d'astrologie?

CLÉMENCE.

Pour la comprendre, il faut avoir votre génie.

L'ABBÉ.

Toi, tu n'as que du jugement.

CLÉMENCE.

Or, voici mon raisonnement:
Si le juif est un honnête homme,
Depuis cinq jours mon oncle a dû toucher la somme
Qu'attendait Jean Chandos. Rien n'arrêtant ses pas,
Il arrivera donc....

LA DAME DU GUESCLIN.

Il n'arrivera pas.

CLÉMENCE.

Pourquoi ma tante?

LA DAME DU GUESCLIN.

Un jour de sinistre présage,
Un vendredi, tu veux qu'il se mette en voyage? (12)

L'homme prudent, un pareil jour,
Je le dis à qui veut l'entendre,
En affaire, en guerre, en amour,
Se garde de rien entreprendre.
Ton oncle à ce sujet était bien prévenu,
Et de cet avis, en campagne,
Pour le bonheur de la Bretagne,
Que ne s'est-il ressouvenu !
Il n'eût pas compromis sa liberté..

CLÉMENCE.

Ma tante,
Dans l'art d'expliquer tout comme de tout prévoir,
Je sais quel est votre savoir :
Je vous avoûrai donc qu'un doute me tourmente.

LA DAME DU GUESCLIN.

Explique-toi.

CLÉMENCE.

Suivant ce qu'on nous enseigna,
C'est bien un vendredi que, faute de vous croire,
Du Guesclin perdit la victoire ;
Mais c'est un vendredi que Chandos la gagna.
Ce jour, que le pouvoir céleste
Marqua du sceau de son courroux,
Devait pourtant être funeste
A nos ennemis comme à nous.

L'ABBÉ.

Elle a , ma foi , raison.

CLÉMENCE.

D'où vient donc...

LA DAME DU GUESCLIN.

Taisez-vous,

Ces secrets-là sont lettres closes,
Pour vous comme pour moi ; seulement sachez bien
Qu'en fait de vérité , Clémence, il est des choses
Où la raison ne comprend rien.
Croire est en pareil cas le parti le plus sage.
Il sied à votre sexe, ainsi qu'à votre état ;
Et sur-tout il sied à votre âge :
Ainsi donc, quelque soit l'attrait qui vous engage,
Le vendredi jamais n'entreprenez d'ouvrage ;
Ne faites jamais un achat,
Ne signez pas même un contrat,
Quand ce serait celui de votre mariage.

CLÉMENCE.

Vraiment ?

L'ABBÉ.

Tout bien pesé , ta tante n'a pas tort ;
Son système, après tout, m'explique bien des choses ;
Et je conçois par quelles causes
Je fus par fois battu, même étant le plus fort.

A ces principes-là trop souvent je déroge ;

Je m'en ris, tout en y croyant ;

Témoin ce vendredi que j'allais guerroyant

Avec l'évêque de Limoge ;

Pasteur édifiant, et chevalier courtois,

Saint prélat et bon militaire,

Près de qui j'étais à-la-fois

Aide-de-camp et grand-vicaire.

Certain de vaincre...

CLÉMENCE.

On vient.

SCÈNE III.

L'ABBÉ, CLÉMENCE, LA DAME DU GUESCLIN, ISSACAR.

LA DAME DU GUESCLIN.

Maître Issacar, c'est vous ?

L'ABBÉ.

Que devient mon neveu ?

CLÉMENCE.

Mon oncle ?

LA DAME DU GUESCLIN.

Mon époux ?

ISSACAR.

Madame l'apprendra bientôt par cette lettre,
Qu'avec cet or il m'a chargé de lui remettre.
J'arrive ici beaucoup plus tard
Que ne le demandait l'intérêt qui m'amène,
Et je ne sais par quel hasard
Je me suis égaré dans la forêt prochaine.
Pour peu que Monseigneur eût pressé son départ,
Il pouvait en ces lieux me devancer sans peine.

CLÉMENCE.

Il vient, ma tante?

LA DAME DU GUESCLIN *(après avoir lu.)*

Il vient. Sachez de plus encor
Qu'il vient consommer l'alliance
Du seigneur de Clisson avec toi, ma Clémence;
Et qu'il te donne en dot quinze mille écus d'or.

ISSACAR.

Voyez s'il y manque une pièce.

LA DAME DU GUESCLIN.

Sache enfin que ce soir il veut vous marier.

L'ABBÉ.

J'y suis prêt, et ce m'est un surcroît de liesse.
(à Clémence.)
Et toi, pour obéir, te feras-tu prier?

CLÉMENCE.

Mon oncle m'est trop cher pour le contrarier.

LA DAME DU GUESCLIN.

Mais c'est un vendredi, ma nièce.

L'ABBÉ.

Ne parlons que de son retour.

CLÉMENCE, *(à la dame du Guesclin.)*

Je vois qu'autant que nous ce retour vous contente.

LA DAME DU GUESCLIN.

Pour moi, d'un jour de deuil il fait un heureux jour.

CLÉMENCE.

Mais c'est un vendredi, ma tante.

LA DAME DU GUESCLIN.

(à demi-voix.)

Taisez-vois, folle... Et vous, Issacar, dites-moi,
De mes bijoux avez-vous fait l'emploi?

CLÉMENCE.

Des bijoux! cet objet me regarde, je gage.

ISSACAR, *à demi-voix.*

De vos bijoux j'ai fait usage,
Et réparti l'argent emprunté sur ce gage,
Conformément à votre volonté ;
Cet écrit en rend rémoignage:

Au denier trente on a prêté ;

Et c'est pour rien en vérité.

Que de pauvres soldats votre bonté soulage !

LA DAME DU GUESCLIN, *à Clémence.*

Vous écoutez ?

CLÉMENCE.

J'entends.

LA DAME DU GUESCLIN.

Quelle indiscrétion !

CLÉMENCE.

Ma tante, elle est ici très-légitime,

Et vous seule avez tort en cette occasion.

Pourquoi vous cachez-vous d'une bonne action,

Comme on se cacherait d'un crime ?

SCÈNE IV.

L'ABBÉ, CLÉMENCE, LA DAME DU GUESCLIN,
DU GUESCLIN, ISSACAR.

ISSACAR.

Chut, voici Monseigneur : il m'a suivi de près.

DU GUESCLIN.

Quand on vient embrasser une femme, une fille,

On presse un peu le pas. J'avais un cheval frais,

3.   18

Et qui si lestement a fourni sa carrière
Qu'il semblait partager mes propres intérêts,
Et bref, m'a fait laisser mes amis en arrière.
Mes bons parens, mes bons amis,
Nous voilà donc encore une fois réunis!

(Il embrasse son oncle.)

LA DAME DU GUESCLIN.

Sera-ce pour longtems?

DU GUESCLIN.

Hélas! non; et pour cause:
Or, comme de mon mieux je prétends employer
Le peu de tems dont je dispose,
Clémence, dès ce soir je veux te marier.

LA DAME DU GUESCLIN.

Ce soir! Plus d'un obstacle à ce projet s'oppose.

DU GUESCLIN.

Par vous ce mariage est-il désapprouvé?

LA DAME DU GUESCLIN.

Au contraire.

DU GUESCLIN *(à son oncle.)*

Et vous?

L'ABBÉ.

Moi, j'approuve fort la chose.

LA DAME DU GUESCLIN.

Attendons que du moins ce jour soit achevé.

DU GUESCLIN *(regardant l'abbé.)*

L'aumônier est prêt, je suppose.

L'ABBÉ.

Mais l'époux n'est pas arrivé.

DU GUESCLIN.

Vraiment! à ce motif sans doute il faut se rendre.
Attendons le futur, puisqu'enfin aujourd'hui
    Rien ne peut se faire sans lui.
Toutefois sa lenteur a droit de me surprendre.
Nous étions plus courtois, jadis en pareil cas.
  (A sa femme.)
    N'est-il pas vrai? ce n'était pas
    L'époux qui se faisait attendre.

L'ABBÉ.

Si près de nous Clisson tarde à se rendre,
Croyons qu'ailleurs la gloire a retenu ses pas.

CLÉMENCE.

Rien de plus sûr.

DU GUESCLIN.

      Croyons plutôt, ma chère,
Que la jeunesse dégénère.

LA DAME DU GUESCLIN.

Mais après tout, mon noble époux,
Pourquoi se presser de la sorte?
Ou ce soir ou demain, qu'importe?
Nous avons du temps devant nous.
Vous voilà libre.

DU GUESCLIN.

Non, et c'est ce qui m'afflige.

LA DAME DU GUESCLIN.

N'aviez-vous pas de quoi payer votre rançon?

DU GUESCLIN.

Eh! oui.

L'ABBÉ.

C'est donc Chandos qui se rétracte?

DU GUESCLIN.

Eh! non

Mais je suis prisonnier, vous dis-je.

CLÉMENCE.

Prisonnier!

DU GUESCLIN.

Ce n'est pas que sans trop de façon
Je ne puisse briser ma chaîne.
Il suffit pour cela qu'aux mains d'un capitaine
Partisan de Montfort, soit Anglais, soit Breton,

Je consigne le prix fixé pour ma rançon.

  Mais il est un point que me gêne:
Je n'ai plus un denier.

L'ABBÉ.

   Libéral, mais sensé,
Par quel malheur, souffrez que je vous le demande,
Vous trouvez-vous privé d'une somme aussi grande?
Que....

CLÉMENCE.

Vous a-t-on tout pris?

DU GUESCLIN.

    Non, j'ai tout dépensé.

ISSACAR.

Tant mieux!

LA DAME DU GUESCLIN.

Vous m'étonnez vraîment.

DU GUESCLIN.

     Cette surprise
Cesserait bientôt, croyez-moi,
 Si je vous disais quel emploi....
 Il faut bien que je vous le dise.
Chandos depuis cinq jours aurait été payé,
 Si j'avais pu, sans être apitoyé,

Voir le malheur de mes compagnons d'armes.

Je pleure peu : combien de fois les larmes

M'ont gagné cependant à voir tant de Bretons,

Écuyers , chevaliers, soldats ou capitaines,

A la voix des Plébis, des Brembros, des Feltons,

Contraits, faute d'argent, à reprendre leurs chaînes !

J'en conviens, j'ai peut-être, en voyant leurs malheurs,

Un peu trop oublié mes besoins pour les leurs.

Est-ce tort ou raison ? Qui pourra, le décide.

Mais tout enfin, tout s'est arrangé de façon

Que, lorsqu'il s'est agi de payer ma rançon,

    Mon coffre-fort s'est trouvé vide.

Ceci tourne , après tout, au profit de l'État;

    Puisqu'une imprévoyance utile

    Avec la rançon d'un soldat

    En a racheté plus de mille.

CLÉMENCE.

Mon digne oncle !

LA DAME DU GUESCLIN.

    Mon noble époux !

L'ABBÉ.

Mon cher neveu, la France autant que nous

D'un si beau procédé ne peut être charmée.

    Un capitaine comme vous,

    Pour elle vaut plus qu'une armée.

DU GUESCLIN.

En ce cas, à ces malheureux

Ma rançon appartenait toute ;

Car l'intérêt public fera pour moi, sans doute,

Ce qu'il n'aurait pas fait pour eux.

D'ailleurs sommes-nous sans ressource ?

Ne nous reste-t-il pas des chevaux, des bijoux ?

LA DAME DU GUESCLIN.

Ce que je possède est à vous.

Mais mon écrin n'est pas plus plein que votre bourse.

DU GUESCLIN.

Diable !

LA DAME DU GUESCLIN.

Le bon exemple est parfois dangereux ;

Et depuis quelques jours ces ornements futiles,

Grace aux soins d'Issacar devenus plus utiles,

Ont été secourir nos amis malheureux.

J'ai fait de mon côté tout comme vous du vôtre.

ISSACAR.

Le bon ménage !

L'ABBÉ.

Époux vraîment faits l'un pour l'autre !

DU GUESCLIN.

Maître Issacar, pourquoi tant de discrétion ?

ISSACAR.

C'est une des vertus de ma profession.

LA DAME DU GUESCLIN.

Blâmeriez-vous l'emploi. . . . .

DU GUESCLIN.

Moi, vous blâmer ! non certe.
En ce fait, comme en tout, je n'ai qu'à vous louer,
Tiphaine ; cependant, il le faut avouer,
J'avais certain projet que ceci déconcerte.

LA DAME DU GUESCLIN.

Je vous conçois, Bertrand, et vois quel est mon tort.
Devais-je me presser si fort ? . . . .

DU GUESCLIN.

D'où vous vient envers vous cette injustice extrême ?
Quand sur des malheureux vous versez vos bontés,
Tout est bien.

LA DAME DU GUESCLIN.

Quand mon cœur trompe vos volontés,
Tout est mal jusqu'au bien lui-même.

L'ABBÉ.

Je vois, c'est de l'argent qu'il te faut, mon neveu.
Patience ! avant qu'il soit peu,

Je pourrai t'offrir mes services.
Mon accès est presque passé,
Et nous aurons bientôt chassé
Ces Anglais de mes Bénéfices.

CLÉMENCE.

Bien dit, fort bien dit, mais avant
Que mon oncle Bertrand fasse faire retraite
A ces félons dont la troupe indiscrète
Boit les vins de votre couvent,
Cher oncle, il faut qu'il se rachète.
Il en est un moyen encor.

DU GUESCLIN.

Comment?

CLÉMENCE.

Quinze mille écus d'or
Même à votre avis, je le gage,
Seraient mieux employés, en rendant à l'État
Un citoyen utile, un brave et bon soldat,
Qu'à terminer un mariage.

LA DAME DU GUESCLIN.

Ma Clémence, à ce trait, je te reconnais bien !

DU GUESCLIN.

Je reconnais ton cœur à ce qu'il me propose.
Mais cet or, mon enfant, c'est ta dot, c'est ton bien.

CLÉMENCE.

C'est pour cela que j'en dispose.
Reprenez cette dot qui ne m'est bonne à rien.

DU GUESCLIN.

Cette dot est le prix du fortuné lien
Qui ravit aux Anglais leur plus ferme soutien ;
　　Qui rattache à notre famille
Un héros digne d'elle et digne de ma fille.
Clisson, dans ce qu'il est, fait voir ce qu'il sera. (13)
Breton, il compâtit aux maux de cette terre.
Déjà, sans le savoir, détestant l'Angleterre,
Bientôt dans cette haine il me surpassera.
Ah ! quand votre union, chère à mon espérance,
Ne serait pas utile au bonheur de la France,
Elle est utile au tien : va, c'est assez pour moi.
Clisson t'aime, ma fille ; il est aimé de toi,
Et déjà votre chaîne est à demi-formée.

CLÉMENCE.

J'aime Clisson, mon oncle, et j'en crois être aimée;
C'est à ce titre seul que j'ai reçu ses soins.
S'il ne me trompe pas, comme j'en suis certaine,
Qu'importe à notre amour, qu'importe à notre chaîne
　　Un peu d'or de plus ou de moins?

Cet or n'est pas ma dot : je crois en avoir une
  Préférable à tous les trésors
  Que donne ou ravit la fortune :
C'est le nom que je porte, et le sang dont je sors.
A défaut d'autre dot, ah ! s'il était possible,
  Que Clisson trouvât aujourd'hui
  Votre nièce indigne de lui ;
Bien qu'à ses vœux mon cœur se soit montré sensible,
Je n'hésiterais pas à lui rendre sa foi,
Dussé-je, après, mourir de désespoir moi-même,
  Moins de prendre l'amant que j'aime,
Que de l'avoir trouvé trop indigne de moi.

DU GUESCLIN.

Bien ; c'est ainsi qu'il faut qn'un grand cœur en agisse.
  Tu m'as vaincu par tes discours.
  A ta dot j'aurai donc recours,
Sauf à la remplacer dans un tems plus propice.
D'un jour à l'autre on sait que le sort peut changer.

CLÉMENCE.

Quelqu'un vient.

LA DAME DU GUESCLIN.

  Mon ami ; quel est cet étranger ?

SCÈNE V.

L'ABBÉ, CLÉMENCE, LA DAME DU GUESCLIN,
DU GUESCLIN, HONGAR, ISSACAR.

DU GUESCLIN.

Étranger!... Si la vie à bon droit nous est chère,
Tiphaine, c'est un homme à qui je dois beaucoup,
Un homme à qui je dois presque autant qu'à mon père.
De la prise d'*Essai* te souvient-il, ma chère? (14)
  J'y devais rester pour le coup.
  Tombé du haut de la muraille,
Et la jambe rompue, adossé contre un mur,
Seul contre cinq Anglais, d'un bras las et mal sûr,
  Il me fallut livrer bataille.
  Trois d'entre eux avaient succombé;
  Mais épuisé par un effort extrême,
Mais baigné dans mon sang, mais à demi-tombé,
  Je devais succomber moi-même.
Quand l'intrépide Hongar, à mon aide accourant,
Termine, en décidant la victoire douteuse,
  Cette lutte, à jamais honteuse,
  De cinq Anglais contre un mourant.
Oh! que n'étais-tu là!

LA DAME DU GUESCLIN.

  J'y suis, j'y suis, Bertrand!

Ah! quand pourrons-nous reconnaître
Un aussi grand bienfait?

DU GUESCLIN.

Dans ce moment peut-être.

(A Hongar.)
Prends cet or; d'où te vient cet air déconcerté?

HONGAR.

Cet or?

ISSACAR.

Il n'en veut pas!

DU GUESCLIN.

Est-ce honte ou fierté?
De mourir dans les fers si tu n'as pas l'envie,
Prends, dis-je; tu peux bien devoir la liberté
A celui qui te doit la vie.

ISSACAR.

Sublime!

HONGAR.

C'est m'offrir l'une et l'autre à-la-fois.
Mais cette somme est plus forte, je pense,
Que celle qu'il me faut; après tout, je ne dois
Que cinq mille écus d'or.... La bourse, je le vois,
Contient....

DU GUESCLIN.

De quoi parer à toute ta dépense,
Comme à tous tes besoins. N'as-tu pas tout perdu?
Toi qui veux rentrer en campagne,
Mon pauvre cadet de Bretagne,
Sans argent, comment feras-tu?
Voilà justement ton affaire.

ISSACAR.

Oui.

HONGAR.

J'accepte le nécessaire;
Mais s'il se trouve ici du superflu?...

DU GUESCLIN.

Ma foi,
Pour un autre tu n'as qu'à faire
Ce qu'aujourd'hui l'on fait pour toi.

HONGAR.

Payons d'abord notre corsaire.

ISSACAR.

Grace au ciel, mon argent m'est revenu.

HONGAR.

Suis-moi.
(Ils sortent.)

SCÈNE VI.

CLÉMENCE, LA DAME DUGUESCLIN, DUGUESCLIN, L'ABBÉ.

L'ABBÉ.

La générosité, mon cher, et l'imprudence
Ne peuvent pas aller plus loin.

DU GUESCLIN.

De l'avenir prendre un peu plus de soin,
C'est offenser la providence.

LA DAME DU GUESCLIN.

Mais vous voilà dans le besoin.

DU GUESCLIN.

Dans le bonheur.

CLÉMENCE.

Et votre délivrance?

DUGUESCLIN.

Je ne m'en inquiète en aucune façon,
N'eussé-je pas d'autre espérance;
Est-il ou femme ou fille en France
Qui ne file pour ma rançon? (15)

SCÈNE VII.

L'ABBÉ, CLÉMENCE, LA DAME DU GUESCLIN, DU GUESCLIN, ISSACAR, BIGOT.

DU GUESCLIN.

Pourquoi ce bruit?

BIGOT.

Seigneur, on investit la place.

DU GUESCLIN.

Bon!

L'ABBÉ *(à ses nièces.)*

Mes pressentimens étaient-ils de saison?

DU GUESCLIN.

Et qui donc aurait cette audace?

BIGOT.

C'est Felton.

DU GUESCLIN.

Je devine aisément sa raison.

BIGOT.

Son hérault marche sur ma trace.

DU GUESCLIN.

Eh bien! qu'il entre.

BIGOT.

Le voici.

SCÈNE VIII.

**CLÉMENCE, LA DAME DU GUESCLIN,
LE HÉRAULT, DU GUESCLIN, L'ABBÉ,
ISSACAR, BIGOT.**

DUGUESCLIN.

Quel motif vous amène ici ?

LE HÉRAULT.

Laquelle de vous deux y commande, Mesdames ?
Vers elle je suis envoyé.

L'ABBÉ.

Felton croit-il n'avoir affaire qu'à des femmes ?
Il s'est tant soit peu fourvoyé.
Considère bien qui nous sommes ;
Puis rejoins ton maître, et dis lui
Qu'en ce château-fort, aujourd'hui,
Il pourrait bien trouver des hommes.

LE HÉRAULT.

Avec votre permission, .
Souffrez qu'avant tout je vous somme
De vous rendre à discrétion,
Sur l'heure... Ou bien vous verrez comme...

DU GUESCLIN.

Ne me connais-tu pas ?

LE HÉRAULT.

Qui ? vous !

DU GUESCLIN.

Moi.

LE HÉRAULT.

Non, vraiment.

DU GUESCLIN.

J'en conclus que peu fréquemment
Tu vas sur le champ de bataille.

LE HÉRAULT.

Tout hérault est sacré ; malheur à qui s'en raille !

DU GUESCLIN.

Je ne raille pas.

LE HÉRAULT.

Franchement ?...
Or donc, les clefs sans plus attendre.

DU GUESCLIN.

Des autres, à ton tour, prétends-tu te moquer ?
Celui qui veut nos clefs n'a qu'à venir les prendre.

LE HÉRAULT.

Songez qu'on va vous attaquer.

DU GUESCLIN.

Apprends qu'on saura se défendre.
A la frayeur, l'ami, je ne suis pas enclin.
Felton ne m'inquiète guère :
Va lui porter mon cri de guerre,
C'est : *Notre Dame du Guesclin.*

LE HÉRAULT, *(étonné.)*

Du Guesclin !... pardonnez.

DU GUESCLIN.

Va , va , je te pardonne.
Et prends pour rien , crois-moi, tout ce que tu m'as dit.
(A un homme de sa suite.)
Reconduisez cet homme ; allez , et qu'on lui donne
(Sa femme lui fait des signes, il se reprend.)
Cent florins... Mon plus bel habit. (16)

BIGOT.

Il en vaut quatre cents...

DU GUESCLIN.

Silence !
Vas.
(Le hérault salue et se retire.)

SCÈNE IX.

CLÉMENCE, LA DAME DU GUESCLIN, DU GUES-CLIN, L'ABBÉ, BIGOT, ISSACAR.

DU GUESCLIN.

Et nous, aux remparts allons en diligence
Tout régler pour notre défense.

BIGOT.

Les Anglais sont nombreux.

DU GUESCLIN.

Qu'importe ? Nos moyens
Sont un peu faibles, j'en conviens ;
Mais la valeur supplée au nombre.

L'ABBÉ.

Bien dit. Marchons.

DU GUESCLIN, *(à sa femme.)*

D'où vous vient cet air sombre ?

LA DAME DU GUESCLIN.

Ce jour...

DU GUESCLIN, *(l'interrompant.)*

Me rend à vous, à nos braves amis.

LA DAME DU GUESCLIN.

C'est un jour malheureux...

DU GUESCLIN.

Oui, pour nos ennemis.

Fin du second Acte.

ACTE III.

Le théâtre représente une salle d'armes dans l'intérieur d'une tour percée de plusieurs fenêtres. Dans le fond est une porte.

SCÈNE PREMIÈRE.

PLÉBI, FELTON, BREMBRO, GARDES *dans l'éloignement.*

BREMBRO.

Il faut en convenir : le général Chandos
Ne pouvait relâcher Guesclin plus à propos
 Et mieux servir nos entreprises.
 C'est le modèle des vainqueurs.
 Sur ma foi, vivent les grands cœurs
 Pour faire les grandes sottises !

PLÉBI, *(à Felton.)*

Mais vous, quel intérêt vous a fait desirer
 De voir du Guesclin face à face ?

Quel fruit, d'une entrevue espérez-vous tirer ?
Puisque ce diable d'homme est rentré dans la place,
Le coup est manqué, quoi qu'on fasse,
Et le meilleur parti c'est de nous retirer.

FELTON.

Mon cher Plébi, je le confesse,
Je ne m'étais pas attendu
A retrouver Guesclin dans cette forteresse.
Ainsi que vous, d'abord je croyais tout perdu ;
Mais la réflexion m'a rendu l'espérance ;
Et je crois, non sans fondement,
Que du Guesclin dans ce moment
Pourrait fort bien montrer plus d'assurance
Qu'il n'en a véritablement.

PLÉBI.

A conclure ainsi qui vous porte ?

FELTON.

Quelques mots à ce juif échappés, Dieu merci,
Dans le bonheur qui le transporte,
Et dont le sens bientôt va nous être éclairci.
Du Guesclin est rusé presqu'autant qu'il est brave ;
Mais de l'honneur il est sur-tout esclave.

Loin donc de m'en laisser imposer par son air,
Par le ton menaçant qu'il affecte de prendre ;
Avant de renoncer à l'attaquer, mon cher,
Je viens savoir s'il est en droit de se défendre.
Mais le voici.

SCÈNE II.

PLÉBI, BREMBRO, FELTON, DU GUESCLIN,
L'ABBÉ, *revêtu d'une cuirasse ;* SUITE, GARDES.

DU GUESCLIN.

Salut. Je crois lire en vos yeux,
Milord, je ne sais quelle gêne :
Elle est très-naturelle, et je conçois sans peine
Qu'on soit peu satisfait de me voir en ces lieux :
Je conçois sur-tout qu'on y vienne,
Quoique brave, pour y chercher
D'autres figures que la mienne.
Mais lorsque du beau sexe on veut se rapprocher,
Entre nous, devrait-on s'y prendre
De manière à l'effaroucher ?
Si donc auprès de vous il refuse à se rendre,
Ne l'en accusez pas, et daignez me conter,
A moi qui suis chargé de le représenter,
Ce que de votre bouche il refuse d'entendre.

FELTON.

Sire Bertrand, je crois avoir prouvé
Que je fuis peu votre rencontre ;
Et jusqu'à mes revers, il n'est rien qui ne montre
Qu'au champ d'honneur on m'a souvent trouvé.
Trève donc à la raillerie :
Je la crois déplacée en cette occasion ,
Où , sur votre invitation ,
Je viens...

DU GUESCLIN.

Quoi faire , je vous prie ?

FELTON.

La question doit m'étonner.

DU GUESCLIN.

Quoiqu'il en soit, Milord, ne pouvez-vous m'apprendre...

FELTON.

Je viens chercher les clefs que vous devez donner
A quiconque osera les prendre.

DU GUESCLIN.

Les prendre entre mes mains, Milord !
Or , dites-moi , pour y prétendre
Vous sentiriez-vous assez fort ?

FELTON.

Vous sentiriez-vous assez libre,
Monseigneur, pour m'en empêcher ?
En vain vous voulez le cacher,
Nos moyens ne sont pas en parfait équilibre.

DU GUESCLIN.

Et de là vient votre sécurité.

FELTON.

Au reste, un mot de vérité
Peut dissiper ou combler mes alarmes.
Jurez-moi donc sur votre honneur
Que l'aveu de votre vainqueur
Vous a rendu le droit de reprendre les armes ;
Que vous n'êtes plus prisonnier.

DU GUESCLIN, *(tirant un écrit.)*

Si, je le suis encor, je ne puis le nier.
Mais cet écrit vous fait connaître
Qu'à l'instant, grâce à vous, je vais cesser de l'être.
Ne connaissez vous pas la main de Chandos ?

FELTON, *(après avoir lu.)*

Si.

Quel contre-temps !

DU GUESCLIN.

Hongar viendra-t-il ?

BIGOT.

> Le voici.

DU GUESCLIN.

Bon ! d'après cet accord , souffrez que je vous somme,
Officieux Felton , de recevoir la somme
Qui me donne le droit de vous chasser d'ici.

SCÈNE III.

BREMBRO , PLÉBI , FELTON , DU GUESCLIN,
HONGAR , L'ABBÉ ; SUITE.

HONGAR.

Sire Bertrand , je devine sans peine
Pour quel noble motif vous me faites chercher :
C'est aux Anglais qu'il faut marcher ;
J'y cours : et ce n'est pas uniquement par haine.
J'espère avant peu faire voir
Que la reconnaissance est aussi du courage ,
Et que je ferai bon usage
De cette liberté que j'aime à vous devoir.

DU GUESCLIN.

Ami, c'est pour une autre affaire
Que j'ai desiré te revoir.
Tantôt j'étais loin de prévoir
Que l'or que je t'offrais m'était si nécessaire ,

Qu'il me faudrait te l'emprunter ce soir.
Faisons bourse commune ; et dans cette occurence ,
Comme chacun de nous se trouve embarrassé ,
Convenons, mon ami , que c'est au plus pressé
      Qu'elle appartient de préférence.
Tu ne me réponds rien...

HONGAR.

          Je n'ai pas pressenti...

DU GUESCLIN.

Ces quinze mille écus...

HONGAR.

          Je suis anéanti...
A suivre vos conseils que n'ai-je été moins preste
Maudit Juif ! de partir il était si pressé.
Usurier très-avide, entremetteur trop leste,
Des trois quarts de notre or il m'a débarrassé ;
      Et la garnison boit le reste.

DU GUESCLIN.

Me voilà pris.

FELTON.

      Allons , montrez-vous résigné.
Le hasard tous les jours ne nous est pas propice.
      Il vous rendit plus d'un service ;
Il me sert ; mais, Seigneur , rendez-moi la justice
      De me croire très-éloigné,

Quand le bonheur vous abandonne ,

D'abuser du droit qu'il me donne

Sur vous , vous qui jamais ne m'avez épargné.

Je sais comme on en use avec les grandes âmes ;

Je sais ce qu'un cœur généreux

Doit à des guerriers malheureux ,

Et surtout ce qu'il doit aux dames.

Désarmez à l'instant vos vassaux , vos amis ;

Que les postes nous soient remis ;

Que la garnison prisonnière

A mes soldats livre le fort ;

Je renonce à l'assaut, et je signe un accord

Qui vous y laisse en paix passer la nuit entière.

DU GUESCLIN.

De tant de loyauté je suis vraîment charmé.

Tu crois donc tenir la victoire ?

Je prétends cependant t'en disputer la gloire.

Je ne suis pas vaincu pour être désarmé.

(Il quitte ses armes.)

Les lois de l'honneur qui m'arrête ,

Ces lois, que tu ne connais pas ,

Peuvent bien enchaîner mon bras ,

Mais non pas enchaîner ma tête.

Si je ne puis agir, je puis conseiller. Pars.

Tu peux faire sonner l'alarme ;
Crois que pour te fermer l'accès de nos remparts,
Il suffit, fussent-ils ouverts de toutes parts,
(Montrant la quenouille de sa femme.)
De mes avis et de cette arme. (17)

FELTON.

(A Plébi.) *(A du Guesclin.)*
Viens... Tu verras dans un moment
Que l'insolence enfin reçoit son châtiment.

DU GUESCLIN.

Je l'espère.

SCÈNE IV.

L'ABBÉ, DU GUESCLIN, HONGAR, BIGOT,
VASSAUX, SOLDATS.

DU GUESCLIN.

Le péril presse,
Et vous brûlez de l'affronter :
Vous avez, pour le surmonter,
Deux grands moyens, soldats, le courage et l'adresse.
Voici l'instant d'en faire emploi.
Je me remets sous votre garde.
Sachez vaincre aujourd'hui sans moi,
Et songez que je vous regarde.

Mes compagnons, mes vieux amis,
Que chacun aille au poste à sa valeur commis.
(A l'un de ses gens.)   *(A Hongar.)*
Toi, reste à cette porte... Et toi...

HONGAR.

Mon capitaine!

DU GUESCLIN.

Tu veilleras, Hongar, à la porte du Maine.

HONGAR.

J'y mourrai.

DU GUESCLIN.

Point du tout; je suis plus exigeant;
A meilleur intérêt je place mon argent;
Il faut y vaincre.

L'ABBÉ.

Et moi, que faut-il que je fasse?

DU GUESCLIN.

Partout, cher oncle, ici commandez à ma place.
Voici l'épée...

L'ABBÉ.

Oh non! l'Église à ses agens
Ne permet pas de se défendre
Avec cette arme-là; j'assomme bien les gens,
Mais je ne dois pas les pourfendre. (18)

DU GUESCLIN.

Je l'oubliais.

L'ABBÉ.

Quant à vous, mes enfans,
Soyez bénis; bientôt vous serez triomphans.
Mais dussions-nous périr, remplissons bien nos tâches;
Pour aller droit là-haut, je ne sais rien de tel.
La peur est un péché mortel;
Point de paradis pour les lâches.

DU GUESCLIN.

Cher oncle, encore un mot.

BIGOT *(à Hongar, pendant que du Guesclin et l'Abbé parlent ensemble.)*

Rien n'est encor perdu.

HONGAR *(avec humeur.)*

Ce n'est pas notre argent que Felton nous rapporte.

BIGOT.

Qui sait, Seigneur? Clisson peut nous prêter main forte.
Ce soir même au château n'est-il pas attendu?

HONGAR.

En attendant, marchons.

DU GUESCLIN.

Vous avez entendu.
Il n'est plus qu'un point qui m'importe:

De combattre avec vous puisqu'il m'est défendu,
Empêchez, par pitié, que d'ici je ne sorte.
Par deux honneurs divers je me sens combattu :
    C'est aux verroux de cette porte
    A répondre de ma vertu.

L'ABBÉ.

(A la dame du Guesclin et à Clémence, qui entrent.)

C'est le plus sûr moyen ; n'est-il pas vrai, Mesdames ?
    Restez dans cet appartement.

*(Les soldats sortent ; et l'abbé enferme du Guesclin et les
    dames.)*

SCÈNE V.

CLÉMENCE, DU GUESCLIN, LA DAME DU GUESCLIN.

CLÉMENCE.

Mon oncle, en un pareil moment,
Tout doit combattre ici, tout, jusqu'aux femmes. (19)

DU GUESCLIN.

Oui, tout, Clémence, excepté moi ;
Maudit honneur, maudite loi !
Celle qui m'eût mis à la chaîne
Me semblerait cent fois moins inhumaine.

3.   20

LA DAME DU GUESCLIN *(à Clémence.)*

A la lueur qu'au loin répandent ces brandons,
Vois-tu dans le fossé ce soldat qui s'avance?

DU GUESCLIN.

Oh! s'il m'était permis de saisir une lance!
        (par la fenêtre.)
        Courage... Allons ferme, Bretons!

LA DAME DU GUESCLIN.

Ils sont au pied de ces tourelles!

DU GUESCLIN.

Amis, sur ces félons faites pleuvoir la poix!
Soulevez ces débris! alerte! et de leur poids
        Renversez, brisez ces échelles.

CLÉMENCE.

Cet Anglais sur nos murs est prêt à parvenir.

DU GUESCLIN.

Qu'on est beau sur la brèche!...

CLÉMENCE.

                Il faut en convenir,
Et d'une et d'autre part on ne peut mieux se battre.

DU GUESCLIN.

Moi seul, comme une femme à l'abri du danger....
Au plan je vois qu'il est quelque chose à changer.
Mais cette porte... Eh bien ! voici de quoi l'abattre.

LA DAME DU GUESCLIN.

Ici, plus d'un motif vous oblige à rester.

DU GUESCLIN.

Je n'y puis plus tenir : pourquoi donc m'arrêter ?

LA DAME DU GUESCLIN.

Bertrand, permettez-moi de vous représenter...

DU GUESCLIN.

Je vais voir le combat, je ne vais pas combattre.

LA DAME DU GUESCLIN.

Sans arme, imprudemment, vous allez vous jeter
    Au milieu d'un péril extrême...

DU GUESCLIN.

    Non, je vais faire exécuter
Ce qu'il m'est défendu d'exécuter moi-même.

(Il sort.)

SCÈNE VI.

CLÉMENCE, LA DAME DU GUESCLIN.

LA DAME DU GUESCLIN.

N'allez pas oublier vos sermens !

CLÉMENCE.

Le penser,

Ah ! ma tante, c'est l'offenser.

Lui-même il se faisait injure

Quand il osait douter de lui.

Des chaînes où le sort le retient aujourd'hui.

Sa parole seule était sûre ;

D'ici, bien qu'il se soit enfui,

Il la tiendra.

LA DAME DU GUESCLIN.

Felton, abusant de la chaîne

Où la loyauté le retient,

Vient jusque sous ses yeux dévaster son domaine,

Dans sa fureur s'il se contient,

Sa force, ma Clémence, est vraiment plus qu'humaine.

CLÉMENCE.

Jamais le courage et l'honneur

N'ont été mis à plus cruelle épreuve.

LA DAME DU GUESCLIN.

Alternative affreuse et neuve,
Où l'excès de vertu l'a jeté.

CLÉMENCE.

Quel bonheur
Qu'il soit ici pourtant! On le voit, on le nomme,
On sait qu'on agit sous ses yeux.
Est-il si bon soldat qui ne vaille encor mieux,
S'il sait être vu d'un grand homme?

LA DAME DU GUESCLIN (*regardant par la fenêtre.*)

Au dehors, mon enfant, que s'est-il donc passé?

CLÉMENCE.

Il semble que l'ennemi cède.

LA DAME DU GUESCLIN.

Un secours imprévu viendrait-il à notre aide?

CLÉMENCE.

Si Clisson... L'assaut a cessé.

LA DAME DU GUESCLIN.

Plus de feu, plus de bruit; mais la cloche résonne.

CLÉMENCE.

Eh! n'est-ce pas minuit qui sonne?

SCÈNE VII.

CLÉMENCE, CAURELAI, DU GUESCLIN, LA DAME DU GUESCLIN.

CAURELAI.

Oui, nous avons la paix.

DU GUESCLIN.

Soyez le bien-venu.
Le courier donne encor du prix à la nouvelle.

LA DAME DU GUESCLIN *et* CLÉMENCE.

La paix !

CAURELAI.

Si ma vîtesse eût égalé mon zèle,
Quel malheur j'aurais prévenu !

DU GUESCLIN.

Le malheur n'est pas grand, Caurelai, puisqu'en somme
Nous avons repoussé Felton sans perdre un homme.
Mais lui, d'affaire encor n'est pas sorti.

CAURELAI.

Vous auriez pu lui faire un fort mauvais parti...

DU GUESCLIN.

Si certain usurier n'eût remporté la somme
D'où dépendait ma liberté...

CAURELAI.

Si vous vous étiez su racheté...

CLÉMENCE, LA DAME DU GUESCLIN, DU GUESCLIN.

Racheté !

CAURELAI.

Quand j'y pense, pour lui vraîment la peur me gagne.

DU GUESCLIN.

Je serais racheté ?

CAURELAI.

Oui, racheté.

DU GUESCLIN.

Chanson !

Qui diable a payé ma rançon ?

CAURELAI.

Qui ? la duchesse de Bretagne. (20)

DU GUESCLIN.

Non l'épouse du duc que je combattais ?

CAURELAI.

Si.

DU GUESCLIN.

Je lui devrais ma délivrance ?

CAURELAI.

Oui.

DU GUESCLIN.

Je m'étais cru jusqu'ici
Le plus laid chevalier de France ; (21)
Je change d'avis ; et, ma foi ,
Puis-je faire autrement , ma femme ,
Quand une belle et noble dame
Se met en frais ainsi pour moi ?

CAURELAI.

Ce n'est pas tout : sachez que plein d'estime
Pour ce courage magnanime
Que vous avez longtems déployé contre lui,
Le nouveau duc confirme , en sa munificence ,
Les dons que son rival , dont vous étiez l'appui ,
Vous fit dans sa reconnaissance.
Conformément aux vœux de son prédécesseur ,
Soyez de ce château paisible possesseur.

DU GUESCLIN.

Pour mon premier seigneur j'aurai toujours des larmes ; (22)
Au nouveau toutefois mon hommage est acquis ;
Et croyez qu'il m'a plus conquis
Par sa bonté que par ses armes.
Il n'aura pas de vassal plus soumis.
Mais qu'apportez-vous là , Bigot ?

SCÈNE VIII.

CAURELAI, CLÉMENCE, LA DAME DU GUESCLIN, DU GUESCLIN, BIGOT.

BIGOT.

Une cassette,
Trésor qu'un inconnu dans mes mains a remis
Pour vous.

DU GUESCLIN.

Elle est pleine d'or mes amis.

BIGOT.

Elle contient votre rançon complète.
Pour en fournir leur part que de gens accourus!

DU GUESCLIN.

Et qui donc?

BIGOT.

Si jamais Monsieur te le demande,
Dit l'inconnu, réponds : *Ceux qu'il a secourus.* (23)
Et j'en crois la liste assez grande.

SCÈNE IX.

ISSACAR, HONGAR, FELTON *désarmé*, BIGOT, CLÉMENCE, DU GUESCLIN, LA DAME DU GUES-CLIN, CAURELAI, SOLDATS.

HONGAR.

Oui, tu me rendras tout, jusqu'au moindre denier.

ISSACAR.

Contre le droit des gens on me fait prisonnier ;
Je ne suis pas homme de guerre ;
Je suis neutre.

DU GUESCLIN.

Felton , je n'imaginais guère
Que la chance aujourd'hui tournerait de façon
Que vous rembourseriez les frais de sa rançon.
Vous entendez peu l'art des siéges.

FELTON.

Vous entendez trop l'art des piéges ;
Et de plus ce maudit Clisson....

CLÉMENCE.

Clisson est arrivé !

HONGAR.

Ses gens et son courage
Nous ont fort servi, j'en conviens.

FELTON , (à Caurelai.)

Milord, que venez-vous faire en ces lieux ?

CAURELAI.

Moi ? J'y viens
Jouir de vos succès.

L'ABBÉ.

A quand le mariage ?

DU GUESCLIN.

La dot est retrouvée, et dès ce soir, je croi....

SCÈNE X.

ISSACAR, HONGAR, FELTON, BIGOT, CLÉMENCE, LA DAME DU GUESCLIN, DU GUESCLIN, LE HÉRAULT *aux armes de France* **, CAURELAI, SOLDATS.**

DU GUESCLIN.

Qu'est-ce encor ?

LE HÉRAULT.

Monseigneur, un message du roi.

LA DAME DU GUESCLIN.

O surcroît d'honneur et de joie!

DU GUESCLIN.

Parlez ; qu'ordonne-t il de moi ?

LE HÉRAULT.

Avant tout, Monseigneur, sachez qu'il vous envoie
Votre rançon. (24)

DU GUESCLIN.

C'est un enchantement.
Si ce jour, mes amis, finit comme il commence,
De pauvre que j'étais encor dans le moment,
Je finirai par être, incontestablement,
Le plus riche seigneur de France.

LE HÉRAULT.

De plus apprêtez-vous à partir pour Paris.

DU GUESCLIN.

Pour Paris! et pourquoi ?

LE HÉRAULT.

Lisez , Monseigneur.

DU GUESCLIN , (à la dame Duguesclin.)

Lis.

LA DAME DU GUESCLIN , (lisant.)

« Cher et féal Bertrand, salut : par ces présentes
 « Nous vous donnons à savoir
 « Que de notre bon vouloir,
 « Et pour causes suffisantes,
« Ouïs nos conseillers, et la publique voix
« Dont notre oreille en vain ne fut jamais frappée,
« Vous êtes Connétable ; (25) en signe duquel choix
 « Nous vous envoyons cette épée. »

CAURELAI.

Choix digne d'un grand souverain !

LA DAME DU GUESCLIN.

Notre bonheur passe mon espérance.

DU GUESCLIN.

Si jamais cette épée est oisive en ma main,
C'est que nous n'aurons plus que des amis en France.
Caurelai, vous restez ici jusqu'à demain.

Vous, Milord, reprenez courage :
Je sens ce que pour vous ce jour a d'affligeant ;
Mais enfin tout s'arrange avec un peu d'argent ;
Issacar peut encor vous en prêter.

ISSACAR.

Sur gage.

DU GUESCLIN.

Ne pensons qu'à la noce. Officiers ou soldats,
Bretons, Français, Anglais, ici tout est convive :
Aux plaisirs, ainsi qu'aux combats,
Mes amis, qui m'aime me suive.

FIN DE LA RANÇON DE DU GUESCLIN.

NOTES ET REMARQUES

pour la Rançon de du Guesclin.

---

(1) M.ʳ Crédule.

A force de recherches, nous avons découvert ce qui était échappé à la perspicacité de l'auteur. M.ʳ CRÉDULE est le héros d'une pièce faite par un homme qui, après avoir figuré, tantôt dessous, tantôt dessus les tréteaux, a fini par prendre le rôle de critique. C'est en cette qualité qu'il citait M.ʳ *Crédule* comme modèle, ce qui est juste au reste ; *demandez plutôt à Lazarille.*

Voilà pourtant un des juges suprêmes de tout mérite littéraire ! *Desfontaines* et *Fréron* du moins sortaient des Jésuites, et *Geoffroi* de l'université ; le sieur *Duviquet* lui-même, a catéchisé les petits garçons, avant de régenter les grands. Ces Aristarques avaient prélude au collège ou à l'école. Mais du trou du souffleur s'élancer au bureau d'un journal ; mais, en habit de paillasse et le *pied de mouton à la main*, prétendre dicter des leçons de goût ; mais professer l'art sous la livrée du plus ignoble des métiers ! cela est aussi par trop bouffon.

Quel que soit le sujet de cette note, on a cru lui devoir donner quelqu'étendue ; elle n'est pas inutile, et sera bonne à consulter pour quiconque voudra écrire l'histoire-littéraire de l'époque. Ainsi que l'histoire-naturelle, pour être complète, l'histoire-littéraire doit traiter des infiniment petits comme des infiniment grands, et l'article des singes et des puces ne doit pas moins s'y trouver que celui des lions et des baleines.

(2) Fidèle observateur de la loi de Moïse.

Voici le texte : *Fœnaberis gentibus multis :* vous prêterez à intérêt à beaucoup de nations. (Deuter. Chap. XV. 6.). Cet intérêt n'étant pas déterminé par le législateur, l'usure est réellement autorisée, par ce passage, avec toutes les nations du monde. De là les procédés des Juifs envers les peuples, et les préventions des peuples envers les Juifs persécutés, dans le moyen âge, avec toute la fureur de l'avarice et du fanatisme.

Le sort des Juifs, déplorable partout hors à Rome, fut affreux en France, sous les trois races et particulièrement sous les Valois. Leur expulsion, tantôt ordonnée, tantôt révoquée, fut surtout une opération de finance, jusqu'à Charles VI qui, non moins injuste, mais moins avide que ses prédécesseurs, les chassa définitivement, mais sans les dépouiller.

Pendant les intervalles où ils ont été tolérés chez nous, il n'y a pas d'humiliation à laquelle l'autorité ne les ait assujétis. Tantôt il ne leur était pas permis de paraître en public, sans porter une marque jaune en forme de roue; tantôt ils étaient obligés d'arborer une corne en guise de bonnet; défense à eux de se baigner dans la Seine; et quand on les pendait, ce qui n'était pas rare, puisque la confiscation s'en suivait, c'était toujours entre deux pauvres chiens.

Sans excuser de si atroces injustices, la raison les explique : il lui est impossible de n'y pas voir des conséquences que toute législation immuable doit tôt ou tard entraîner. La loi de Moïse est aussi préjudiciable aux Juifs, depuis leur dispersion, qu'elle peut leur avoir été utile pour les former en nation, quand ils sortirent d'Égypte. Et c'est tout simple. Toutes les nations ont dû ne voir qu'un ennemi dans un peuple que ses lois font ennemi de toutes les nations. A son exemple, on ne lui a fait que des guerres d'extermination; et il est tombé au-dessous de la condition humaine, dès qu'il a cessé d'être au-dessus, c'est à dire, d'être le plus fort.

C'est à cette condition que tendent les Turcs, gouvernés aussi par une législation théocratique. Des lois de cette nature ne pouvant recevoir aucune modification du tems ou de l'expérience, s'opposent à ce qu'un peuple participe aux progrès toujours croissans de la civilisation, le rendent stationnaire au milieu du mouvement général, et préparent de loin son asservissement ou sa destruction.

Loin donc de féliciter les Juifs éparpillés et non confondus parmi les peuples, de ce qu'ils sont encore ce qu'ils étaient dans la Palestine, et de les admirer en ce qu'ils n'ont pas changé pendant que tout changeait autour d'eux, plaignons-les de cela même; car c'est à leur opiniâtre immobilité qu'ils doivent l'état d'infériorité et d'avilissement où ils resteront éternellement. Dans l'étroite circonscription où leur loi les renferme, ils ont, il est vrai, étendu la science du commerce et l'art de tirer parti de l'argent; mais

c'est moins avoir acquis de nouveaux talens, qu'avoir perfectionné
d'anciens vices.

(3) Et mène un régiment aussi bien qu'un chapitre.

Plus d'un ecclésiastique, dans ces tems-là, faisait ces deux métiers.
Un évêque de Beauvais combattait à la bataille de Bovines ; un ar-
chevêque de Sens se fit tuer à la bataille d'Azincourt. En 1313
Henri Spencer, évêque de Norwich, ravageait la Flandre, à la tête
d'une armée anglaise. C'est, sans doute, pour rappeler des prouesses
de cette nature, que l'évêque de Castres, en Languedoc, n'officiait
pas sans faire placer sur l'autel un harnois complet, dont il semblait s'être dépouillé un moment pour dire sa messe.

Dans des tems moins éloignés, le vieux Jules II, jettant dans le
Tibre *les clés de St. Pierre pour s'armer de l'épée de St. Paul,* mit
en personne le siège devant la Mirandole ; et le cardinal Ximénès
conduisant les Espagnols contre les Maures fit en habits pontificaux
la conquête d'Oran ; le cardinal Hippolyte de Médicis porta plus
souvent la cuirasse que la chasuble ; le cardinal Lavalette fut
lieutenant - général ; le cardinal de Richelieu , proviseur de Sorbonne, commanda les armées; et le capucin Joseph remplissait quelquefois les fonctions d'aide-de-camp près de son Éminence.

De nos jours, le cardinal Ruffo, renouvellant dans les Calâbres l'exemple du prêtre Matathias, qui s'arma pour la défense de son pays,
s'est acquis une assez belle réputation comme chef de partisans. Tout
récemment enfin, et chez nous, l'abbé Bernier, curé de St. Lo, ne s'est
pas moins signalé à la bataille que frère Jean des Entomures, qui
assommait aussi les gens avec le bâton de la croix, comme on
peut le voir dans le chap. 27 du livre premier de l'histoire de
Gargantua, par maître *François Rabelais*, docteur en théologie et
en médecine.

(4) Charles de Blois.

Charles de Châtillon sur Marne, comte de Guise, comte de Blois,
fils de Marguerite de France sœur de Philippe de Valois. Il avait
épousé Jeanne de Penthièvre, héritière du duché de Bretagne d'a-

près les lois de cette province, et appuyée dans son droit par le roi de France. Jean, comte de Montfort, appuyé, de son côté, par le roi d'Angleterre, Édouard III, dont il était gendre, contestait à sa nièce ce bel héritage. La noblesse bretonne se partagea entre les deux prétendans. Après plusieurs campagnes et plusieurs traités inutiles, on en vint à une bataille sous les murs de la petite ville d'Aurai, où la mort du comte de Blois livra la Bretagne à son rival. Du Guesclin, qui commandait l'armée de ce prince, se rendit prisonnier à Chandos, le plus illustre capitaine de celle de Montfort.

(5) Je suis trop loyal chevalier
    Pour vous souhaiter réussite.

Ce discours est tout-à-fait conforme au caractère de loyauté qui distinguait Hue de Caurelai ou de Caurelée. Cet Anglais était un des chefs de ces *grandes compagnies*, de ces *malandrins*, qui après la paix, ravageaient, comme brigands, la France, qu'avant ils avaient ravagée comme soldats : du Guesclin les entraîna tous avec lui en Castille, Anglais comme Français. Mais le *prince noir* ayant pris fait et cause pour Don Pèdre, les Anglais furent obligés d'abandonner Henri de Transtamare; et Hue de Caurelai combattant de nouveau contre du Guesclin, sous les ordres duquel il venait de servir, fit la guerre pour remettre sur le trône le prince qu'il venait de détrôner. C'est ainsi que les choses se passaient alors d'un bout de l'Europe à l'autre : les chevaliers n'en restaient pas moins bons amis.

Plébi, Felton, Brembro, Grévaques, faisaient le même métier que Caurelai : les faits rappelés à leur occasion sont historiques.

De tous les capitaines anglais de ce tems, le plus illustre, sans contredit, après le *prince noir*, est Jean Chandos, connétable d'Aquitaine. C'est à lui que du Guesclin se rendit après la bataille d'Aurai. *Messire Bertrand, cette journée n'est pas des vôtres,* criait Chandos au héros breton, auquel il ne restait plus pour défense *que ses poings*, dont il faisait assez bon usage.

Chandos fut tué d'un coup de lance par Guillaume Boistel, dans un engagement près la Rocheposai en Poitou. Son frère, au désespoir, voulait le venger par la mort des Français prisonniers ; Chandos eut la générosité de l'empêcher. Cela se passait en 1372.

(6) Mons Bertrand.

Ce nom de *Bertrand* est celui sous lequel du Guesclin est le plus souvent désigné. Les princes, comme le peuple, l'appelaient sire ou messire *Bertrand*.

Les expressions employées ici par Felton sont celles que l'Histoire lui prête. *Je vais m'établir en place, d'où je viendrai souvent manger vos chapons*, disait-il, à du Guesclin, qui faisait alors ses noces à Pont-Orson. A cela du Guesclin répondit qu'il irait bientôt le chercher, lui *Felton* et ses *beaux guilledins*. En effet, dès le lendemain, Felton et ses *beaux guilledins* étaient prisonniers du chevalier breton.

(7) Il sauva la Bretagne et ne savait pas lire.

On trouve quelques traits analogues à celui-ci dans une tragédie allemande intitulée *Otto de Wittelspach*, laquelle n'est pas une imitation de *Shakespeare*, mais bien d'u ouvrage original sous tous les rapports. Quiconque aime à retrouver dans un drame les mœurs du pays et celles du siècle auxquels l'action appartient, reconnaîtra dans celui-ci un mérite particulier ; il y trouvera aussi des caractères hardiment tracés et des scènes fortement conçues, quoique bizarrement exécutées.

(8) Sage et docte Tiphaine.

Tiphaine (Stephana), nom familier de la première femme de du Guesclin. Cette dame était fille de Robert Raguenelle, vicomte de la Bellière et seigneur breton. Elle était aussi belle que son mari était brave, et l'égalait en grandeur d'âme. Oubliant, comme lui, ses propres besoins pour ceux d'autrui, elle avait engagé les revenus de toutes leurs terres, vendu sa vaisselle et ses propres bijoux pour aider les pauvres chevaliers. Une somme de cent-mille

franes, que du Guesclin avait rapportée de sa première campagne
de Castille et mise en dépôt à l'abbaye du Mont-S.ᵗ Michel, et sur
laquelle il comptait pour sa rançon, avait été employée aussi par
Tiphaine, à racheter les Bretons, pendant que son mari devait se
racheter lui-même. Il est difficile de ne pas rire, tout en l'admi-
rant, de cette héroïque imprévoyance.

La belle Tiphaine était très-versée dans l'astrologie judiciaire, art
de lire au ciel ce qui doit se passer sur terre; c'est à ses con-
naissances dans cette science qu'elle dut le surnom de *fée*. Elle
avait rédigé pour l'usage de son époux des instructions, qu'elle
l'engagea à consulter dans les circonstances difficiles. Si l'on en croit
les historiens, les mésaventures du chevalier y étaient toutes pré-
dites; mais il ne pensa jamais à y recourir que le lendemain de
l'événement.

Du Guesclin n'a pas laissé de postérité, soit de Tiphaine Ragne-
nelle, soit de Jeanne de Laval, qu'il épousa en secondes nôces;
mais il eut trois enfans naturels, de l'un desquels sont issus, dit-
on, les marquis de Fuentes.

(9) Au champ d'honneur il nous attend,
Au champ d'honneur il nous appelle.

Ce chant guerrier, qu'on pourrait appeler *le chant breton*, a
été mis en musique par les deux premiers compositeurs de notre
tems; par cet excellent *Méhul* que nous venons de perdre, et par
M. *Cherubini* que Dieu veuille nous conserver.

(10) N'ai-je pas combattu sous les murs de Poitier?
J'y fus pris comme un autre.

Cet autre est le roi Jean, dit le *bon*, qui, par son imprudence, se fit batire et prendre avec l'élite de sa noblesse, à Poitiers,
par le prince de Galles. L'armée anglaise était quatre fois moins
forte que l'armée française et n'était pas quatre fois plus brave:
mais le *prince noir* était un général, et le roi Jean n'était qu'un
chevalier.

(11) . . . . ces champs meurtriers ,
   A Charles de Blois si funestes!

Les plaines d'Aurai où Charles de Blois fut défait et tué , ainsi qu'on l'a dit plus haut.

(12) Un vendredi tu veux qu'il se mette en voyage?

Les hommes qui ont vécu avant nous ont été sots avant nous. Les anciens connaissaient des jours heureux et malheureux. Le vendredi, si redouté au 14ᵉ siècle, est encore redoutable, si l'on en croit les bonnes femmes du siècle présent. *N'entreprenez rien le vendredi*, disent-elles : demandez leur pourquoi; *parceque le vendredi rien ne réussit.*

(13) Clisson, dans ce qu'il est, fait voir ce qu'il sera.

Olivier de Clisson. Il était fils d'un seigneur breton qui portait les mêmes noms et auquel Philippe de Valois fit couper la tête, sur un soupçon d'intelligence avec les Anglais. Jeanne de Belleville, veuve du décapité, mère de Clisson et l'une des plus belles femmes de son tems , fit passer d'abord son fils en Angleterre ; puis , achetant trois vaisseaux avec le prix de ses diamans, et les commandant elle-même , elle mit tout à feu et à sang sur les côtes de Normandie, et se vengea sur tous les Français, qui tombèrent entre ses mains , de la cruelle légéreté de leur roi. Ce n'est pas la seule héroïne que les chevaliers de ces tems aient eu à combattre ; les femmes alors étaient presque aussi guerrières que les abbés.

Il est étonnant que Clisson , héritier de ces passions violentes, que la mort de son père devait encore irriter, les ait déployées surtout contre les Anglais. Il combattit d'abord dans leurs rangs pour Jean de Montfort ; mais ce prince ayant donné à Chandos, en récompense de ses services, le château de Gâvre; *au diable, Monseigneur*, lui dit Clisson, *si jamais Anglais sera mon voisin;* et il alla mettre le feu au château.

Depuis cette équipée, Clisson ne fut plus que Français, et fit aux Anglais une guerre toujours active et trop souvent cruelle. Il mérita le nom de *boucher* qu'ils lui donnèrent. Ce compagnon de du Guesclin, aussi brave, mais moins grand, fut son successeur. *Faites le sire de Clisson connétable*, dit, à son fils, Charles V expirant.

Clisson porta dignement la plus noble épée de France. Il gagna la bataille de Robesque et commandait l'armée formidable prête à descendre en Angleterre, quand Charles VI fut attaqué de l'incurable maladie qui livra tour-à-tour le royaume à ses oncles, à sa femme Isabeau de Bavière, au duc de Bourgogne *(Jean sans peur,)* et définitivement à Henri V.

Clisson eut alors l'honneur d'être dépouillé de toutes ses charges et banni d'une cour toute Anglaise. Il se retira en Bretagne, où il mourut dans son château de Josselens en 1407. Il était devenu fort bon homme.

(14) De la prise d'*Essai* te souvient-il, ma chère ?

Essai, château fort en Poitou. Il était occupé par les Anglais. Du Guesclin l'assiégea et le prit de concert avec Jean de Xaintré, qui pourrait bien avoir été ce *petit Jehan de Saintré* dont l'éducation fut si gentiment faite par *la dame des belles cousines,* (voyez les romans du comte de *Tressan).* Le fait consigné dans cette scène, quoiqu'il ressemble à une fable, est dans tous ses détails conforme à l'Histoire.

(15) Est-il ou femme ou fille en France
Qui ne file pour ma rançon ?

Du Guesclin fit cette réponse au prince de Galles, auquel il avait rendu son épée à la bataille de Navaret. Mis à rançon et invité à la fixer lui-même, il s'était taxé à 70,000 florins d'or. Pauvre comme vous l'êtes, où prendrez-vous une si forte somme ? lui dit le prince. « J'ai des amis, répondit Bertrand ; les rois de France et de Castille ne me laisseront pas en arrière pour si peu

» de chose; il y a en Bretagne cent chevaliers qui vendront leurs
» terres pour m'acquitter ; enfin , *les femmes de France fileront
assez en un an pour faire ma somme.* » Quoi de plus honorable
pour le héros et pour la nation qu'une pareille confiance ! Elle n'a
pas été trompée.

(16) . . . . Qu'on lui donne
Cent florins . . . . . mon plus bel habit.

C'était l'usage de récompenser magnifiquement un héraut, quelque
nouvelle qu'il apportât. Le duc de Lancastre (Jean de Gaunt),
pendant le siège de Nantes où du Guesclin s'était jetté, l'ayant fait
inviter à le venir voir dans son camp, celui-ci, qui n'était que
simple chevalier, ordonna *à son chambellan* de donner au héraut
cent florins d'or et un jupon de velours. Il fit donner aussi cent
florins d'or et un cheval au héraut par lequel le Captal de Buch
lui fit porter des propositions, le jour de la bataille de Cocherel,
et quatorze marcs d'argent au héraut qui vint de la part du général Grandison lui demander bataille à Pont-Valin.

Un prince donnait même l'habit qu'il portait, au héraut qui lui
annonçait une nouvelle agréable. « La reine , dit Jean Chartier,
» étant accouchée d'un fils, le 4 Février 1435, le roi (Charles VII)
» dépêcha le héraut nommé Constance, pour en porter la nouvelle
» au duc de Bourgogne; de laquelle nouvelle le duc témoigna être
» fort joyeux et donna à ce héraut cent riders d'or et une robe
» brodée dont il était alors vêtu ».

(17) Il suffit, fussent-ils ouverts de toute parts ,
De mes avis et de cette arme.

Il faut qu'un pareil propos soit dans la bouche de du Guesclin,
pour qu'on n'y voie pas une rodomontade. Il est cependant analogue à son caractère, qui mêlait souvent la raillerie à la menace:
il est aussi fondé sur l'Histoire.

Ce héros, prisonnier sur parole, n'en aida pas moins de ses conseils le duc d'Anjou qui faisait le siège de Tarascon. « Je suis » accouru pour vous y servir, dit-il à ce prince, et si je ne suis » pas en liberté de m'armer, du moins ai-je *deux poings* dont je » ferai usage. » Et comme on l'a vu, il savait s'en servir.

Il se rendit, en effet, sous les murs de la ville assiégée, n'ayant *en mains qu'une baguette :* tout désarmé qu'il était, sa présence amena la reddition de la place.

(18) . . . . . J'assomme bien les gens,
Mais je ne dois pas les pourfendre.

Guérin évêque de Beauvais, avait de pareils scrupules. Ce brave ecclésiastique ne tuait son monde qu'à coup de massue, *quia Ecclesia abhorret a sanguine.* Pourquoi cette horreur de l'Église pour le sang n'a-t-elle jamais sauvé la vie à un homme ? Jean Hus et Jérôme de Prague ont été mis à mort par un concile. L'Inquisition, qui abhorre le sang, comme on sait, a fait périr un million d'hommes : il est vrai qu'elle les grille au lieu de les égorger. Quelle humanité !

Dans le roman intitulé *Guérin de Montglave*, le Sarrazin *Robastre*, géant converti à la vraie foi, se fait ermite, mais ne renonce pas pour cela à ses habitudes belliqueuses; par horreur pour le sang, il quitte seulement l'epée pour s'escrimer avec un lévier de fer, et le diable n'y perd rien. En lisant les romans, on croit souvent lire l'histoire, et réciproquement.

Au reste, si les ecclésiastiques, en ce tems-là, faisaient les fonctions des militaires, ceux-ci faisaient quelquefois aussi les fonctions des ecclésiastiques. Un soldat, au besoin, confessait son camarade et même le communiait, à charge de revanche. On en trouve la preuve dans l'histoire même de notre connétable. En rendant compte des dispositions qui précédèrent la bataille de Pont-Valin, un de ses historiens dit en son vieux langage : » et en icelle *place se desjeunèrent de pain et de vin qu'ils avoyent apporté avec eux, et prennoyent les aucuns d'iceux du pain, et le signoyent au nom du sainct sacrement : et après qu'ils estoyent confessez l'un à l'autre de leurs pechiez, le usoyent en lieu d'escommichement. Après*

dirent mainte oroison en dépriant à Dieu qu'il les gardast de mort,
de mahaing et de prison. (Histoire de messire Bertrand du Guesclin
connétable de France, imprimée à Paris chez Sébastien Cramoisi,
en 1618.)

(19) Tout doit combattre ici, tout, jusqu'aux femmes.

Les femmes alors ne craignaient pas, ainsi que nous l'avons dit,
de prendre les armes dans l'occasion. On a vu la dame de Clisson faire, à la tête d'une escadrille, le métier de pirate. L'épouse
de Jean de Haperdanne, commandant de Fontenai-le-comte, défendit
cette place pendant quelques jours contre le connétable lui-même.

Mais ce qui est aussi héroïque, et peut-être plus plaisant, c'est
qu'une réligieuse ait sauvé le château de du Guesclin.

Felton ayant habité quelque tems ce château comme prisonnier,
s'y était ménagé des intelligences : profitant de l'absence du seigneur, il essaya de s'en rendre maître par surprise : il ne restait
dans la forteresse que la dame Tiphaine et sa belle-sœur Julienne
du Guesclin abbesse de S.ᵗ George. Au milieu de la nuit, l'Anglais
s'approche des murs et tente l'escalade ; déjà ses soldats atteignaient
aux fenêtres de l'appartement des femmes-de-chambre qu'il avait
séduites, quand la réligieuse, reveillée par le bruit sans doute,
mais, s'il faut en croire l'historien, par un avertissement divin, se
saisit d'une épée, court à la hâte au lieu menacé, renverse l'é-
chelle d'un bras vigoureux et culbute les assaillans dans le fossé,
où plusieurs meurent de leur chute. L'allarme une fois donnée,
Felton fut obligé de battre en retraite ; mais pour comble de disgrâce, il est rencontré par du Guesclin et ramené de nouveau,
comme prisonnier, à Pont-Orson, où Tiphaine le félicite d'avoir
été battu deux fois en douze heures, une fois par la sœur, et
une fois par le frère.

(20) La duchesse de Bretagne.

Ce trait appartient à la princesse de Galles. Digne épouse d'un
héros, elle voulut contribuer pour trente-mille florins d'or à la

rançon de du Gueselin. Le chevalier accepta la somme, mais ce fut pour la partager entre ceux de ses compagnons d'armes et d'infortune qui ne pouvaient pas se racheter ; puis il partit pour aller chercher en Bretagne la somme dont il avait besoin pour se racheter lui-même. *Oh gran bontà de' cavalieri antiqui!* (Ariosto).

(21)   Je m'étais cru jusqu'ici
       Le plus laid chevalier de France.

Cette opinion très-fondée que du Guesclin avait de sa figure, est consignée dans le remerciment naïf qu'il fit à la princesse de Galles relativement au trait mentionné dans la note précédente. » Madame, dit-il, en se jettant aux genoux de cette princesse, » *j'ai toujours cru jusqu'ici être le plus laid chevalier qu'il y eût* » *en France*, mais je commence à avoir meilleure opinion de ma » personne, puisque les dames me font de si magnifiques présens : » je n'en puis refuser un qui me vient de la plus belle et la plus » illustre main du monde. »

(22) Pour mon premier seigneur j'aurai toujours des larmes.

Tant pis pour tout prince aux yeux duquel la reconnaissance gardée à son rival est un crime. Ce ne fut pas le tort de Jean de Montfort : une fois duc de Bretagne, il confirma les dons que Charles de Blois avait faits à du Guesclin en récompense de services rendus contre lui-même, et se créa par là des droits au dévouement de cette âme loyale. Cette politique, et c'est celle des grandes âmes, est de peu d'usage : on n'encourage guère que les défections, ou ne récompense guère que les ingrats qui se font récompenser le plus souvent qu'ils peuvent.

(23) Ceux qu'il a secourus.

Du Guesclin ayant employé toutes ses ressources à délivrer les autres, était revenu à Bordeaux se constituer prisonnier, lorsqu'on lui apporta de nouveau les fonds dont il avait besoin, et 100,000 florins en sus pour se mettre en campagne. Des inconnus avaient tout fourni. Du Guesclin avait droit à un pareil service : en défendant la France, il a toujours protégé le faible ; *souvenez-vous*, disait-il en toute occasion à ses compagnons d'armes, et leur répétait-il encore au lit de mort ; *souvenez-vous que partout où vous ferez la guerre, les ecclésiastiques, le pauvre peuple, les femmes et les enfans, ne sont pas vos ennemis, et que vous ne portez les armes que pour les protéger.*

On remarquera que la rançon de notre chevalier avait été fixée par lui à 70,000 florins, et qu'à la même époque une tête couronnée (le roi de Majorque) se racheta pour 28,000.

(24) . . . . un message du roi. . . . .
. . . .
. . . . sachez 'qu'il vous envoie Votre rançon.

Charles V fit en effet payer la rançon de du Guesclin ; mais ce ne fut qu'à titre d'avance. On voit que quelques années plus tard, quand ce prince économe fit rembourser le connétable des sommes avancées par lui pour le service de l'armée, *déduction fut faite des sommes payées des deniers royaux pour sa rançon, au prince de Galles et à Jean Chandos.*

Voilà l'histoire dans sa vérité. Mais au théâtre, *où tout se peint en beau,* on ne montre pas le revers de la médaille quand il est moins héroïque que la face.

(25) Vous êtes connétable.

Du Guesclin ne reçut l'épée de connétable qu'en 1370, c'est-à-dire, six ans après l'époque où l'action est censée se passer. On le répète, tous les détails de cette pièce sont vrais, mais on ne les présente pas dans l'ordre où ils se sont succédés. Ce sont des faits disséminés qu'on a rassemblés dans un seul cadre et rattachés à une même action. Ayant surtout pour but de peindre un Guesclin ressemblant, on a réuni en un seul tableau les traits les plus propres à le caractériser. Tel est peut-être le mérite de cet ouvrage. C'est au moins un drame national.

Terminons ces notes par quelques réflexions générales sur les drames nationaux.

Ce genre n'est pas aussi encouragé en France que l'intérêt général le demanderait peut-être. A une époque où le goût du spectacle s'est communiqué à toutes les classes, où il est devenu pour le peuple une passion dominante, quel parti ne pourrait-on pas tirer du théâtre pour répandre la morale et former l'esprit public ? Il pourrait suppléer la chaire, dont l'austérité n'a jamais eu un grand attrait pour la multitude et qui, très-malheureusement sans doute, est aujourd'hui plus désertée que jamais.

Le peuple, avide d'émotions vives, se porte partout où il croit les trouver. C'est dans cet espoir qu'il court aux boulevards : et voyez comme il y applaudit avec transport à des prouesses fictives, comme il s'y passionne pour des héros imaginaires ! S'intéresserait-il moins à des drames dont le sujet serait tiré de sa propre histoire et dont les héros auraient illustré des noms français ?

Une des causes auxquelles il faut peut-être attribuer le peu d'affection que le peuple a pour les grandes familles (et ce nom n'est dû qu'aux familles historiques), c'est qu'il ne connaît pas l'Histoire ; c'est qu'il ne voit dans un Montmorenci, dans un Luxembourg, dans un Condé même, qu'un homme élevé au-dessus des autres par le hazard ; c'est qu'il ne sait pas que les honneurs dont ils jouissent leur ont été acquis ou sont justifiés par des actions utiles et glorieuses pour la France.

Rien ne serait plus facile que de lui faire trouver l'instruction dans l'amusement ; que de le familiariser à la scène avec les époques et les noms héroïques qu'il ne va pas étudier dans nos fastes.

C'est un service que le père du théâtre anglais a rendu dès l'origine à sa nation. Non-seulement le sujet d'un grand nombre des pièces de *Shakespeare* est tiré des chroniques nationales, mais

c'est un cours d'Histoire presque complet , à dater du commence-
ment du règne de Richard II jusqu'à la fin de celui de Richard III.
Et que de faits glorieux , que d'hommes célèbres sont offerts , par
le poëte , à l'admiration du peuple , dans la peinture de cette longue série d'événemens mémorables, entre lesquels se trouve ce qu'il
appelle la *conquête de France !* C'est là que la nation anglaise va
puiser l'affection qu'elle conserve à son Henri V; c'est là qu'elle
apprend à respecter les noms de Talbot, de Percy, de Warwick ;
c'est là qu'elle prend de sa propre valeur une opinion trop favorable sans doute , mais une opinion dont un gouvernement habile
peut obtenir de grands résultats.

Nous avons peu d'ouvrages pareils chez nous. Voltaire, Dubel-
loi, Chénier, Légouvé, M.ʳ Raynouard ont fait retentir des noms
français sur notre scène ; ils ont enrichi le répertoire tragique,
mais ils n'ont pas atteint le but où semble continuellement tendre
Shakespeare. Il n'en est pas du théâtre national de France comme
de celui d'Angleterre , qui par cela même qu'il n'est pas épuré,
est resté à la portée du peuple : les formes imposantes de notre
tragédie, la pompe du style qui lui est propre, la sévérité de ce
genre qui repousse tout mélange , font des représentations tragiques
un plaisir exclusivement reservé à la classe instruite. Enfin si nous
avons des pièces nationales, nous n'en avons pas de populaires.

C'est donc sous d'autres formes qu'il faut communiquer avec la classe
inférieure. Sans se rabaisser au niveau du peuple , on peut se mettre à
sa portée et conserver aux héros leur grandeur , en prêtant à leurs
sentimens des expressions plus simples.

Nous ne voulons pas qu'on imite Shakespeare, qui est descendu
quelquefois jusqu'au dernier degré de trivialité et même de grossièreté ; si un fort de la halle parlait jamais d'un prince de Galles, sur
le plus de infime nos théâtres , nous ne voudrions pas trouver dans
ses invectives l'équivalent du propos suivant, débité contre le
Dauphin (Charles VII), sur le premier des théâtres anglais. *Jean
Cade*, qui était vers 1460 à Londres, ce que Marat était chez nous
en 1792, dit au lord Say de qui il exige des comptes :

«. What canst thou answer to my majesty, for giving up of Nor-
» mandy unto monsieur *Basimecu* , the Dauphin of France ? » *Que*

peux-tu répondre à ma majesté, pour te défendre d'avoir abandonné la Normandie à monsieur Basimecu (*), *le dauphin de France?*

2.e part. de Henri VI. act. 4. sc. 7.

De pareilles grossièretés ne doivent être tolérées dans la bouche d'aucun personnage, si abject qu'il puisse être.

Mais entre cette brutalité que les traiteaux même repoussent, et la recherche que la scène noble semble exiger, n'est-il pas un milieu qui concilirait la décence et le naturel, le goût et la vérité?

On s'occupe dans ce moment des moyens de prévenir la décadence de l'art dramatique. C'est bien, et l'on y réussira en rétablissant deux théâtres tragiques: car ce ne sont pas les tragédies qui manquent au théâtre, mais les théâtres qui manquent à la tragédie.

Mais tout en s'occupant des plaisirs de la classe instruite pourquoi ne s'occuperait-on pas de ceux de la classe ignorante? Ne serait-ce pas bien aussi de rendre utile le genre de spectacle que le peuple affectionne; de tacher de le rectifier puisqu'on ne peut le réformer? Je veux parler du mélodrame. Ne serait-il pas possible de lui imprimer une bonne direction? Tout en réservant les honneurs et les récompenses d'un ordre supérieur pour les poëtes qui soutiendraient la gloire de notre premier théâtre, pourquoi ne pas inviter par des encouragemens, les auteurs qui se livrent à ce genre inférieur, à lui donner au moins un but que la raison puisse approuver? Au lieu d'aller chercher leurs sujets dans la Bibliothèque Bleue, s'ils les puisaient dans notre histoire, ils la feraient dumoins connaître à la multitude. Et quelles ressources les fabricateurs des pièces à grand spectacle ne trouveraient-ils pas dans la vie des *du Guesclin*, des *Tannegui-du-Chatel*, des *Dunois*, des *Bayards*, des *Crillons* et de tant d'autres!

Ainsi, pendant que la bonne compagnie applaudirait aux nobles sentimens exprimés en style héroïque par nos preux, sur les

***

(1) Il n'est pas absolument nécessaire de savoir l'anglais pour comprendre le sens de ce mot que nous n'osons traduire.

grands théâtres ; aux petits théâtres le peuple applaudirait à leurs grandes actions, présentées sous des formes toujours nobles , quoique familières ; ainsi les grands événemens et les grands hommes dont nos fastes sont remplis, ne seraient plus ignorés des quatre-vingt-dix-neuf centièmes de la nation, qui ne sait guère que l'histoire du présent et ne connait pas à beaucoup près tous ses titres de noblesse.

FIN DU TOME TROISIÈME.

N. B.

L'abondance des matières ne nous a pas permis de suivre aussi exactement que nous l'avions espéré, la classification adoptée d'abord pour les œuvres de M^r. ARNAULT. D'une part, ses drames lyriques n'ont pas pû entrer dans ce volume : d'une autre part, ses poësies fugitives ne sauraient trouver place dans le volume qui contiendra les fables, dont le nombre encore est augmenté depuis la seconde édition. Il a fallu faire un volume de plus.

Nous nous sommes déterminés, en conséquence, à réunir le théâtre lyrique et les pièces fugitives en un volume, qui sera le *quatrième* de cette édition.

Le recueil de fables formera le cinquième, et les mélanges le *sixième*.

Le volume des fables ne paraîtra probablement que le dernier, et le public nous pardonnera sans doute ce retard, en faveur du motif. Pensant qu'un peu de luxe ne serait pas déplacé dans un recueil de fables, nous avons voulu l'orner d'un frontispice et de six gravures qui seront exécutés par un des plus habiles artistes de Hollande, d'après des dessins de divers artistes français. Ces gravures seront délivrées sans augmentation de prix aux souscripteurs seulement.

www.ingramcontent.com/pod-product-compliance
Lightning Source LLC
LaVergne TN
LVHW021234170726
843501LV00003B/783